부의 원칙

부의 원칙

초판 1쇄 발행 2020년 10월 5일
초판 7쇄 발행 2025년 1월 27일

지은이 래리 하이트
옮긴이 노태복
감수 강병욱

펴낸이 조기흠
총괄 이수동 / **책임편집** 송병규 / **기획편집** 박의성, 최진, 이지은, 유지윤
마케팅 박태규, 임은희, 김예인, 김선영 / **제작** 박성우, 김정우 / **디자인** 이창욱 / **진행** 박정현

펴낸곳 한빛비즈(주) / **주소** 서울시 서대문구 연희로2길 62 4층
전화 02-325-5506 / **팩스** 02-326-1566
등록 2008년 1월 14일 제25100-2017-000062호

ISBN 979-11-5784-448-7 03320

이 책에 대한 의견이나 오탈자 및 잘못된 내용은 출판사 홈페이지나 아래 이메일로 알려주십시오.
파본은 구매처에서 교환하실 수 있습니다. 책값은 뒤표지에 표시되어 있습니다.

⌂ hanbitbiz.com ✉ hanbitbiz@hanbit.co.kr ⨍ facebook.com/hanbitbiz
Ⓝ post.naver.com/hanbit_biz ▶ youtube.com/한빛비즈 ⓘ instagram.com/hanbitbiz

지금 하지 않으면 할 수 없는 일이 있습니다.
책으로 펴내고 싶은 아이디어나 원고를 메일(hanbitbiz@hanbit.co.kr)로 보내주세요.
한빛비즈는 여러분의 소중한 경험과 지식을 기다리고 있습니다.

THE
RULE

부의 원칙

래리 하이트 지음 | 노태복 옮김 | 강병욱 감수

HB 한빛비즈
Hanbit Biz, Inc.

내 손자들에게
그들에게 선택할 기회가 있음을 알리고자

아울러 불리한 조건에서 태어난 모든 젊은이에게
그들의 제약이 능력의 원천이 되기를 바라는 마음으로

찬 사

래리 하이트는 추세추종 트레이딩의 선구자 중 한 사람이다. 그가 설립한 민트 인베스트먼트는 최초로 10억 달러 규모 헤지펀드가 되었다. 나는 《시장의 마법사들Market Wizards》 시리즈의 첫 책을 쓸 때 래리를 인터뷰했다. 그는 실적이 뛰어날 뿐만 아니라, 유머 감각이 넘치는 사람이었다. 왜 그동안 책을 쓰려고 하지 않았느냐고 그에게 물었다. 명예나 돈은 과할 정도로 많았기에, 그런 이유로 책을 쓸 까닭은 분명 없어 보였다. 놀랍게도 이 책의 '여는 글'에 보니 그는 내 질문에 답을 내놓았다. 술술 읽히는 《부의 원칙》에서 래리는 자신의 인생을 되짚어보면서 트레이딩과 인생의 교훈을 전한다. 스포일러 같아서 말하기 조심스럽지만, 트레이딩과 인생은 매한가지다.

잭 슈웨거 Jack D. Schwager

《시장의 마법사들》 시리즈의 저자

시간의 검증을 견뎌낸 뛰어난 트레이더들은 귀한 사람들이다. 래리 하이트도 그중 한 명이다. 그는 트레이딩 세계의 살아 있는 전설이기에 나로서는 그의 책이 각별하다! 이 책에는 트레이딩과 인생에 관한 위대한 교훈이 담겨 있다. 두 말할 것도 없이 주식시장 필독서 목록의 맨 위에 올라갈 책이다.

마크 미너비니 Mark Minervini
미국 투자 챔피언, 《시장의 마법사들》에 등장했으며,
베스트셀러 《주식시장의 마법사처럼 트레이딩하라Trade Like a Stock Market Wizard》의 저자

잭 슈웨거의 《시장의 마법사들》에서 래리 하이트가 나온 장은 내 트레이딩과 경력에 가장 큰 영향을 미쳤다. 그가 이 책에서 제시한 베팅 규모, 손실 관리 그리고 심리 문제를 다루는 법에 대한 규칙들은 트레이딩 성공에 매우 중요하다. 베팅 규모에 대해 그가 한 말은 '포지션 규모 정하기'에 관한 내 연구로 곧장 이어졌다. 그리고 내게 유리한 수익 대 리스크 비율을 정리하는 데 큰 도움을 주었다. 이 책은 모든 트레이더의 필독서이다.

톰 바소 Tom Basso
트렌드스탯 캐피털 매니지먼트의 설립자. 현재는 은퇴하여 트레이더들을 위한 교육 웹사이트인
enjoytheride.world를 즐겁게 운영하고 있다.

고맙게도 래리 하이트는 시간을 들여서 이런 내밀하면서도 위력적인 책을 써주었다. 이 책에서 그는 경이로운 지혜와 뛰어난 트레이딩 원리들을 알려준다. 뿐만 아니라 어려운 상황에서 시작한 약골의 어린아이가 최고의 트레이더가 될 수 있었던 이유를 그의 인생 여정과 함께 찬찬히 들려준다. 그가 너그러이 나누어주는 원리들이 당신의 인생과 트레이딩 모두를 더 나은 방향으로 이끌어줄 것이다. 이 책을 읽은 독자들은 의욕적으로 인생의 도전 과제에 직면할 준비를 마치게 될 것이다.

스티브 번스 Steve Burns
NewTraderU.com

래리는 어릴 적에 시각장애에 난독증이 있었지만, 결국 성공하여 전설적인 억만장자가 되었다. 그는 누구라도 역경을 극복하여 금융시장과 인생에서 성공할 수 있음을 보여주는 산 증인이다. 이 책은 트레이더, 투자자 그리고 잠재력을 최대한 발휘하고 싶은 모든 이에게 영감을 준다!

애덤 쿠 Adam Khoo
아시아의 선구적인 부와 성공 코치, 주식, 외한 및 옵션 프로 트레이더

~

성공하고 싶다면
한 번은 큰 승부를 해야 한다

래리 하이트가 공개한 트레이딩의 비결은 손실은 줄이고 수익을 따라가는 것이다. 그는 커피 선물 매수로 큰 부자가 됐다. 20배 레버리지의 큰 승부였다. 부자가 된 후 분산 투자로 부를 관리하다가 미국채 선물에서 생긴 손실로 파산했다. 하지만 이후 시스템 트레이딩 회사를 만들어 재기했고 크게 성공했다. 비결은 깨달았지만 실패는 피할 수 없었다. 성공의 시작은 트레이딩이었고 도약은 비즈니스였다.

인생은 에너지의 문제다.

큰 에너지는 잉여가 아니라 결핍에서 나온다. 문제는 결핍을 느끼는 모든 사람이 에너지를 얻지는 못한다는 것이다. 실패에서 자신에 관한 유용한 정보를 얻는 사람만이 그런 에너지를 얻는다. 부자들은 펀드를 하지만 펀드로 부자가 된 사람은 없다. 성공하고 싶다면 적어도 한 번은 큰 승부를 해야 한다는 뜻이다. 그게 무엇이든 포지션을 잡을 용기가 생겼다면 이 책을 올바로 읽은 것이다.

밝은 달을 보며 깊은 꿈을 꾸는 밤에
김동조*

---

* 삼성자산운용에서 채권 펀드매니저, 삼성증권 리서치센터에서 채권 전략가로 일했다. 이후에 씨티그룹 글로벌마켓증권에서 이자율 트레이더로 일했고, 2016년 투자회사 벨로서티 인베스터를 만들며 독립했다. 경제와 금융에 관한 독립적인 리서치를 제공하는 유료 블로그 김동조닷컴(kimdongjo.com)을 운영 중이며, 저서로 《거의 모든 것의 경제학》, 《나는 나를 어떻게 할 것인가》, 《모두 같은 달을 보지만 서로 다른 꿈을 꾼다》가 있다.

~

누구의 인생에도 적용 가능한
래리 하이트의 위대한 투자 원칙

영어로 Real Deal(리얼 딜)이라는 표현이 있다. 진짜가 나타났다는 뜻이다. 래리 하이트야말로 리얼 딜이다. 그의 업적을 뛰어넘는 시스템 트레이딩 기업가는 손에 꼽을 정도다. 1990년도에 헤지펀드 역대 최초로 10억 달러의 운용자금을 경신한 것만 보아도 조지 소로스, 폴 튜더 존스 같은 역사적 인물들보다 한 발짝 앞선 진짜배기였다는 의미이다. 게다가 그는 데이터를 계량분석하여 고도로 시스템화한 투자 방식으로 접근하였다. 가히 퀀트 트레이딩의 아버지 혹은 큰 삼촌 격이라 할 수 있다.

자서전 중에 '나는 참 운이 좋았다', 혹은 '나는 참 뛰어났다'

의 변주로밖에 해석할 수 없는 책들이 많다. 자잘한 성공론들로 대략 버무린 꽃길 속 성공 이야기들이다. 물론 그런 책에도 느낄 점들은 많지만, 구체적으로 머리에 각인시킬 원리는 흔치 않다. 그러나 그 반대편에는 '나는 뚜렷한 성장의 규칙을 발견했고, 여러분도 활용할 수 있는 것이다'라는 지혜를 배울 수 있는 책들이 있다. 이 책은 완벽한 후자다. 한 글자도 놓치고 싶지 않은 위대한 트레이더의 뇌 구조와 깨우침의 집약이다.

래리 하이트는 지난 30년간 트레이더들 사이에 고전 중에 고전으로 꼽히는 명저 《시장의 마법사들》에 등장한 트레이더 중 한 명이다. 내가 아는 성공한 트레이더들 중에서 래리 하이트의 인터뷰를 그 쟁쟁한 시장의 마법사 열전 중 세 손가락 안에 꼽는 경우가 많았다. 가히 전설이라고밖에 부를 수 없는 트레이더들 중에서도 그의 이야기는 나에게 강렬하게 각인되어, 그 후로 수십 번을 더 읽어보게 되었다.

그의 명확한 철학, 대단한 자신감, 간결한 언어의 힘은 엄청났다. 어쩌면 화려한 대학이나 월스트리트 출신이 아니라, 한쪽 눈이 안 보이는 (자기 눈에 의하면) 못생기고 가난한 청소년기를 보낸, 밴드 매니저 출신의 뒷골목 트레이더 이야기여서 그 정신적 에너지가 사람들을 압도했는지 모른다.

래리 하이트는 세상에는 좋은 베팅과 돈을 번 베팅, 나쁜 베팅과 돈을 잃은 베팅, 총 네 가지의 베팅이 있다고 한다. 돈을 잃어도 과정이 좋았던 베팅, 돈을 벌어도 과정이 나빴던 베팅 등이 구분된다. 트레이더는 좋은 베팅을 반복하는 사람이다. 그렇지 않다면 아무런 통계적 의미가 없는 투기를 하는 것일 뿐이다. 이 말로 '확률적 사고'가 무엇인지 전부 설명되지 않을까? 인생과 투자에는 우리가 통제할 수 없는 게 참 많다. 하지만 우리의 선택만큼은 통제가 가능하다.

그가 《시장의 마법사들》(1989년 1월 1일 초판 1쇄 발행) 이후 30년 만에 쓴 책으로 돌아온 것이 너무 기뻤다. 문장이나 내용이 좋지 않아도 래리 하이트를 글로 다시 만나고 싶었지만, 한 문장 한 문장이 너무나 좋아 계속 곱씹게 된다. 진즉에 이렇게 상세한 책을 써줬더라면 얼마나 많은 사람에게 이 책을 선물해줬을까.

이 책은 그가 모든 후배에게 남기는 철학의 진수다. 그의 투자 원칙은 놀라울 정도로 간명하며 충격적일 정도로 범용적이다. 그는 그 원칙하에서 복잡다단한 시스템들이 수백 개의 자산에 동시 다발적으로 투자하게 만들었다. 그래서 그는 그 복잡성과 간명성을 동시에 이해하고 있는 구루의 언어를 쓴다.

그러나 그 원칙, 그 규칙들은 인생 어디에도 적용할 수 있다.

예를 들면 잘못된 결혼, 잘못된 직장, 잘못된 사업으로 몇 년씩 고통받고 있지 말고, 차라리 이별하고 더 좋은 추세를 좇으라는 조언이 투자에서의 추세추종과 완전히 맞닿아 있다. 좋은 추세라면 그 끝이 보일 때까지 진득하게 계속 올라타 있어야 한다. 그것이 투자와 인생을 즐기는 길이 아닐까. 좋은 배우자를 만났다면 행복하게 그 관계를 유지하고, 잘되고 있는 사업에 자신감을 가지고 더 투자하며, 유능한 사람들에게 계속 일을 맡겨야 하는 당연한 진리들은, 심지어 그의 제자들을 통해 800년간의 가격 추이 연구에서도 확인된다.

래리 하이트가 애초에 주목받았던 이유 중 하나는 그의 인터뷰 제목과도 같은 '리스크에 대한 존중' 때문이다. 그는 어떤 포지션에도 전체 자금의 1퍼센트 이상을 잃지 않았고, 이 책에서도 가장 중시 여기는 첫 번째 규칙으로 '얼마를 잃을지 계산하고, 그 손실이 자신에게 괜찮은지 사전에 이해해야 한다'는 점을 꼽는다. 최악의 상황을 미리 헤아려 그 상황을 기피할 수 있게 구조를 짜는 것이야말로 우리가 머리로 접근할 수 있는 가장 중요한 설계가 아닐까.

그는 리스크에 대한 정확한 이해를 토대로, 마음껏 리스크를 짊어질 수 있었다. 이 책의 초기에 나오는 '게임에 참여하라'는 이야기는 오히려 리스크를 지지 않으면 아무 일도 일어나지 않는다는 점을 강조한다. 그러나 리스크를 많이 짊어지면 반대로 게임에서 쫓겨나게 된다. 이후로 아무 일도 일어나지 않는 상황이 되어버린다. 그러므로 우리는 리스크의 노예가 아닌, 리스크의 지휘자가 되어야 하는 것이다.

래리 하이트가 트레이더 지망생들의 가슴을 뜨겁게 만드는 이유는 그 특유의 게으름과 부지런함의 조합 때문일 것이다. 게으르기 때문에 쓸데없는 노동을 하고 싶지 않고, 부지런하기 때문에 항상 큰 그림을 통찰하고 핵심으로 승부하려고 했다. 그는 어떤 투자에도 영웅담을 남기지 않았다. 모든 것을 자동화하고 마음 편히 사는 길을 선택했다. 그렇게 연평균 30퍼센트의 수익으로 거대한 헤지펀드를 만들어간 이의 삶을 누가 미워하겠는가.

그의 삶에는 해학과 여유, 행복과 철학이 넘쳐나서, 마치 오랫동안 그리워한 스승님의 잔상과 겹친다.

어둠을 밝히는 등불을 손에 든 오늘

천영록[*]

[*] 핀테크 기업 두물머리의 창업자이자 300만 뷰 이상 누적 뷰를 돌파한 Julius Chun을 운영하는
유튜버이다. 2008년 키움증권에 선물옵션 트레이더로 입사한 것을 시작으로 7년간 펀드 매니
저 및 트레이더로 일했다. 35세에 억대 인센티브를 받던 회사를 그만두고 대중을 위한 투자 솔
루션 개발을 시작했다. '불리오' 및 '불릴레오' 서비스 등을 통해 일반인들이 쉽게 접근할 수 있
고 올바로 투자할 수 있는 길을 제시하여 많은 호응을 얻고 있다. 저서로 《부의 확장》이 있다.

추천사

~

손실은 작게, 수익은 크게 만드는
주식투자법

래리 하이트의 《부의 원칙》은 주식 매매 기법 중 추세추종 전략을 따르는 것이다. 그리고 추세추종 전략은 기본적으로 비대칭적 레버리지 전략AL, Asymmetrical Leverage을 바탕으로 한다.

투자 이론을 공부하는 사람들은 흔히 차트를 이용하는 기술적 매매 기법이나 시장의 규칙성을 이용하는 추세추종 전략 등이 나오면 이론적인 잣대를 들이대면서 무시하는 경향이 과거부터 만연해 있는 것도 사실이다. 왜냐하면 추세추종이나 기술적 지표를 이용하는 투자법은 시장의 효율성을 무시하는 매매 기법이기 때문이다.

효율적 시장 이론은 1962년 '유진 파머Eugene Fama'의 논문에서 주장된 것으로 시장이 완전 효율적이면 주가는 무작위적으로 움직인다Random Walk Theory는 것이다. 주가 움직임이 무작위적이면 특정한 투자 전략은 존재할 수 없고, 투자자들은 분산투자를 통해 비체계적 위험을 없애놓은 상태에서 주식시장에서의 성과는 내가 부담한 시장 위험의 크기에 따라 달라진다는 High Risk/High Return(고위험/고수익)의 원칙이 지켜진다고 믿었다.

그러나 래리 하이트는 추세추종 전략을 통해 큰 성공을 거두었으니 시장이 완전히 효율적인가에 대한 연구들을 살펴본다면 투자자들이 쉽게 그의 전략을 마음으로 받아들일 수 있을 것이다.

유진 파머가 효율적 시장 이론을 발표한 이후 많은 사람이 이례 현상Exceptional Phenomenon이라고 하는 규칙성의 증거를 찾기 시작했다. 그래서 우리가 잘 알고 있는 '1월 효과', '기업규모 효과', '저PER 효과', '승자/패자 효과' 등 손으로 꼽기 어려울 정도로 시장의 많은 비효율적인 면을 찾아냈다.

여기에 더해 처음 효율적 시장 이론을 주창했던 유진 파머는 케네스 프렌치Kenneth French와 소위 3요인 모형Three-Factor Model이라고 하는 파머-프렌치Fama-French 모형을 1992년부터 4번에 걸쳐 논문으로 발표했는데 그 결과는 다음과 같다.

3가지 요인은 기업 규모, 주가순자산비율PBR 그리고 위험계수인 베타계수가 주가수익률과 어떤 관계를 갖느냐는 것이다. 만약 시장이 효율적이라면 기업 규모와 PBR은 주가와 무관해야 한다. 그리고 베타계수와 주가수익률 간에는 정의 상관관계, 즉 베타계수가 높으면 주가수익률이 높아야 하고, 반대로 베타계수가 낮으면 주가수익률이 낮아야 하는 관계가 밝혀지면 되는 것이었다.

그러나 실제로 논문의 결과는 기업 규모가 작을수록 주가수익률이 높고, PBR이 낮을수록 주가수익률이 높게 나타나서 시장의 이례 현상이 증명되었다. 그리고 더욱 놀라운 것은 베타계수가 낮을수록 주가수익률이 높아지는 결과가 나온 것이다. 이 결과는 시장의 효율성을 완전히 뒤엎는 것이었다. 그래서 유진 파머는 이 결과를 보고 "베타는 죽었다"라는 선언을 하게 되었던 것이다.

시장이 완전히 효율적이 않다면 의미 있는 투자 전략을 수립하는 것이 가능해진다. 특히 세계적인 금융위기와 코로나19 국면을 거치면서 시중에 늘어난 유동성은 주가의 변동성을 키우는 원인이 되었다. 그리고 높은 변동성은 자칫 매수 시점이나 매도 시점을 제대로 맞추지 못한 투자자들을 실패의 나락으로 끌고 들어가는 요인이 될 수 있다.

이때 래리 하이트의 전략을 이해하고 투자에 적용할 수 있다면 시장의 큰 변동성에도 불구하고 손해를 보지 않는 매매가 가능해진다. 즉 수익은 크게, 손실을 작게 하는 추세추종 전략의 위력을 실감하게 될 것이다.

다시 래리 하이트의 이야기로 돌아가면 시장에서 추세추종 전략은 충분히 가능한 전략이다. 특히 비대칭적 레버리지 전략인 AL 전략도 이론적으로 지지받지 못할 전략은 아니라는 것이다.

이 책을 읽는 독자들이 이론에 위배된다는 부담을 덜고, 충분히 사색하면서 래리 하이트의 전략을 숙지했으면 한다. 그리고 래리 하이트의 부탁인 제발 투자할 때 '셈'을 해보는 습관도 가져야 한다. 그래서 모두가 원하는 성공 투자의 결과를 손에 쥐게 되길 진심으로 희망한다.

영광스럽게도 이 책을 감수한 경영학박사
강병욱[*]

---

[*] 가천대학교 대학원 경영학 박사. 경영회계학부 겸임교수. 한화증권, ING 베어링스 증권, 삼성증권 등에서 실무경험을 쌓았으며 Ubion 경영연구소 교수, 한국금융연수원 전문교수로 활동하고 있다. 키움증권 하우투스탁과 K채널의 대표강사 및 MC이다. 저서로 《저는 주식투자가 처음인데요(기본편)》, 《저는 주식투자가 처음인데요(투자전략편)》, 《저는 기업분석이 처음인데요》, 《저는 차트분석이 처음인데요》 등이 있다.

서 문

✕

파도를 멈추게 할 수는 없지만
파도 타는 법을 배울 수는 있다.

– 존 카밧진John Kabat-Zinn

1990년대 초반에 나는 은밀한 트레이딩 전략을 알게 되었다. 당시 일군의 비주류 트레이더들이 추세추종Trend Following 트레이딩이라는 전략을 활용하고 있었다.

그것은 매수 후 보유 전략이 아니었다. 워런 버핏식 투자나 가치투자도 아니었다. 가격 예측이나 효율적 시장과도 무관했다. 그리고 블룸버그나 CNBC의 일일 예측도 아니었다.

한마디로 말해서 파동Wave을 타고 가는 전략이었다. 한 파동에 올라탄 다음에 계속 따라가거나, 아니면 내려와서 수익을 실현하는 방법이었다. 만약 파동이 매우 높으면 만사형통이다. 파동이 상승하는 한 계속 타고 가면 그만이다. 이 전략은 투자 실패로 인한 특정 손실주를 찾는 것이 아니다.

이런 식의 추세 또는 '파동 타기' 전략에는 한 가지 전제가 필요하다. 얼마만큼 손해를 봐도 되는지를 정해두어야만 이런 상승 파동에 올라탈 수 있다는 것이다. 왜 그럴까? 어떤 파동이든지 간에 파동은 오를지 내릴지 알 수 없기 때문에 하락에 대비해야 한다. 내일에도 활약하려면 우선 살아 있어야만 하는 것이다.

이런 대안적 사고, 즉 살아남기 전략은 정말로 중요하다. 왜냐하면 주식투자뿐만 아니라 인생을 살아가는 데도 중요한 전략이기 때문이다. 벤처 캐피털, 영화 제작, 스포츠(예를 들어 브래드 피트 주연의 〈머니볼Moneyball〉) 그리고 인간관계에도 요긴한 개념이다. 이 독특한 관점을 묵묵히 추구한 덕분에 나는 수십만 권이 팔린 다섯 권의 책을 썼고, (800만 명이 듣고 있으며 지금도 청취자가 늘고 있는) 팟캐스트를 700회 진행했으며, 다큐멘터리 영화의 감독도 할 수 있었다.

큰 성공을 거둔 추세추종자로 활약하는 거물들은 (그들이 그런 명칭을 쓰든 쓰지 않든 간에) 누굴까? 제프 베조스(아마존 최고경영자), 대니얼 카너먼Daniel Kahneman(노벨 경제학상 수상자, 전망 이론),

제이슨 블럼Jason Blum(영화제작자), 대릴 모리Daryl Morey(휴스턴 로케츠 프로농구팀 단장), 존 W. 헨리John W. Henry(레드삭스 야구단 구단주), 빌 걸리Bill Gurley(벤처 캐피털), 닐 스트라우스Neil Strauss(데이트하기) 그리고 래리 하이트(트레이더) 등이다.

이 엘리트 그룹에서 내가 개인적으로 아는 사람이 있다.

바로 래리 하이트이다.

래리는 추세추종 트레이딩 세계에서 살아 있는 전설로 통하는 몇 안 되는 트레이더다. 하지만 트레이딩 이야기는 잠시 미루자. 왜냐하면 래리의 이야기는 당신을 위한 것이기 때문이다. 당신이 어떤 삶의 방향으로 살아가고 있든 말이다.

이렇게 생각해보자. 힘들게 번 돈이나 시간을 베팅할 때, 당신은 승률을 중시해야 한다. 즉 늘 당신에게 유리한 승산에 배팅해야 한다. 복권을 예로 들어보자. 일반적으로 복권에 당첨될 확률은 낮다. 복권의 승산은 언제나 사람들에게 불리한데도, 사람들은 희망을 버리지 못해 여전히 복권을 사고 있다.

래리는 30년 이상 추세추종 트레이딩을 통해 승산을 자신에게 유리하게 만든 사람으로 유명하다. 사람들이 복권에 속는 것과는 정반대이다. 달리 말해서 그는 크게 이길 가능성이 있을 때 크게 베팅하며, 잃을 게 뻔한 상황일 때는 크게 베팅하지 않는다.

하지만 엄청나게 많은 돈을 벌었다는 사실 이외에도 래리를 보통 사람들에게 소개할 진짜로 흥미로운 이유가 있다. 한마디로 독창적인 사람이기 때문이다. 그는 올리버 스톤 감독의 영화 〈월스트리트: 머니 네버 슬립스〉나 TV 쇼 〈빌리언스Billions〉에 나오는 판에 박힌 인물이 아니다. 게다가 '빈곤층 거주 지역' 출신이다. 그 점이 더욱 감동적이다.

2005년에 나는 래리를 처음 만났는데, 내가 만든 다큐멘터리 영화에 그가 출연하면서다. 나의 책 《추세추종 전략Trend Following》과 《트레이딩에 관한 작은 책The Little Book of Trading》에도 그가 등장한다. 오랜 세월 우리는 많은 이야기를 나눴다. 래리와 인터뷰한 시간은 이루 헤아릴 수 없이 많다. 사실 2012년이 되었을 때 그는 직접 책을 쓰고도 남을 만한 인물이었다.

마침내 그의 책이 나왔다. 2018년 가을, 첫 책의 집필이 마무리되어 가고 있을 무렵 베트남에서 문명과 동떨어진 채 지내고 있던 그를 만났다. 래리 내외는 동남아시아를 여행하다가 사이공에 잠시 머물고 있었다. 우리는 멋진 외관을 자랑하는 파크 하얏트 사이공 호텔에서 만났다.

래리는 주위 경관에 신경 쓰지 않고 곧바로 말을 꺼냈다.

"날 몰아붙여 보세요. 나에게 질문하세요. 시작!"

그는 10대의 열정을 갖고 사는 사람이다. 이는 틀림없다.

인터뷰를 할 의도는 아니었지만, 내가 보기에 래리는 묻고 답하기 식의 대화에 목말라 있었다. 내가 아이폰을 꺼내서 "녹음해도 될까요?"라고 묻자, 그는 "그럼요"라고 대답했다.

나는 래리가 낯선 사람들과 엘리베이터에 함께 타고 있는 모습을 상상해보았다. 그들은 래리가 무슨 일을 하는 사람인지 알고 싶어 한다. 그때 그가 '나는 추세추종 트레이더입니다'라고 말한다면 대다수 사람, 그러니까 99퍼센트 이상은 무슨 뜻인지 모를 것이다. 그럼 그는 추세추종 트레이더에 대해 초심자나 이제 막 법학 학위를 받은 똑똑한 사람에게 어떻게 설명할까? 래리는 추세추종에 대한 설명을 다음과 같이 간단명료하게 해치운다.

"무리를 따르며 돈이 가는 곳으로 간다. 시장 가격을 살펴보고 가격이 방금 어떻게 움직였는지에 따라 매수나 매도를 결정한다."

래리는 베이지안 통계Bayesian statistics*를 이용하여 셈을 한

---

* 1763년 영국인 베이즈가 제시한 통계적 방법으로, 표본에서 얻은 정보뿐 아니라 사전지식이나 정보를 포함시켜 사후확률을 결정하는 통계학의 한 분류로서 전통적으로 상대도수분포를 확률로 사용하는 통계학과 구분된다.

다. 각각의 상황 판단은 반복되는 패턴을 축적한 데이터를 바탕으로 이루어진다. 하지만 이것이 무슨 뜻일까? 그런다고 뭔가를 예측해낼 수 있을까? 실제로 어느 정도 예측이 가능하다. 그다음 가격 움직임을 예측해내고, 바로 그 움직임에서 추세가 형성될 수 있다. 그리고 대중의 광기 때문에 그 움직임은 지속될 수 있다. 사람들은 자신들의 생각에 도취된다. 주식이 최고가를 경신할 때가 언제인지 아는가? 모두가 자극을 원하고, 그 자극 속에 빠져들기를 원할 때이다.

대다수 사람이 이것을 이해할까? 답을 알려주더라도 대다수 사람이 이해할 수 있을까? 아니다. 그렇기에 우리 모두에게는 다른 사고방식이 필요하다.

래리가 일찌감치 깨달은 바에 의하면, 대다수 사람이 손해를 보는 까닭은 문맹이어서가 아니라 숫자맹이기 때문이다. 셈할 줄 모르기 때문에, 더 심각하게는 셈을 하지 않기 때문이다. 그런데 셈하기는 우리의 모습을 반추하게 한다. 불행하게도 우리 대다수는 무리 속의 일부, 팀의 일원이 되고 싶어 한다. 우리는 집단으로부터 인정받기를 원하며, 우리를 좋아해줄 친구와 가족이 필요하다. 우리 대다수는 그 울타리 밖으로 나가려 하지 않는다. 왜냐하면 혼자가 되기 때문이다. 그리고 혼자 있게 되면 두려울 수밖에 없다.

래리의 천재성은 이런 복잡한 통찰을 재미있고 쉬운 방식으로 들려준다는 데 있다. 그의 독특한 방식을 보여주는 뜻에서 래리와 나눈 많은 대화 중 가장 기억에 남는 한 토막을 소개한다.

마이클: 만약 나쁜 결정을 내린 데다 원하던 결과가 나오지 않은 이유도 모른다면, 얼른 빠져나와야겠죠. 포커 테이블에서 판돈을 거두고 나서 다음 기회를 노려야 하는 법이죠. 그런데 대다수 사람에게는 그렇게 하는 것이 매우 어려워요.

래리: 글쎄요, 그건 사람들이 얼마나 논리적인가에 달렸죠.

마이클: 스폭 같은 논리의 소유자다운 말씀이네요(웃음). 조금 전에 1968년도에 방영된 〈스타트렉〉 시리즈 중 한 편을 봤어요. 레너드 니모이가 나오던데요. 래리 씨 말은 기본적으로(스폭은 〈스타트렉〉에 나오는 부함장 겸 과학장교로서 레오너드 니모이가 스폭 역을 맡았다)….

래리: 레너드 니모이는 저와 같은 고등학교를 다녔어요(웃음).

마이클: 뭐라고요? 제가 오늘 촉이 좋네요. 정말로 그 사람이….

래리: 네, 맞아요.

마이클: 오늘 분명해졌네요. 래리 씨의 평생 경력이 스폭과 맞닿아 있다는 게.

래리: 아니, 그런 사실을 모르고 있었는데, 듣고 보니 그렇네요(웃음). 그 사람이 내 고등학교 동창이니까.

마이클: 그럼, 손실을 감수하려면 스폭처럼 해야겠네요. 그렇죠?

래리: 아뇨.

마이클: 아니라고요?

래리: 아니에요, 오히려 마이클 씨가 스폭처럼 하겠죠.

마이클: 그게 아니라면, 어떻게 하나요? 돈을 왕창 날리나요?

래리: 왕창 날리고 망가지죠. 사실 손실과 친해져야 해요.

이 대화 덕분에 나는 기꺼이 래리의 책 서문을 맡게 되었다.

알다시피, 어떤 유기체든 어떤 동물이든 첫 번째로 할 일은 생존이다. 그래서 무슨 일이든 손실을 막아야 견뎌낼 기회가 생긴다. 그것이야말로, 명칭이 뭐든 간에, 스폭의 논리이고 단순한 수학이며 과학이다. 살아남으려면 적응해야 한다. 어쩌면 당연하게도 래리의 영웅 중 한 명은 찰스 다윈이다. 왜냐하면 가장 빠르거나 가장 강하거나 심지어 가장 똑똑하다고 해서 살아남는 것이 아니라, 가장 적응을 잘해야 살아남는다고 말한 사람이 다윈이니까. 살아남지 못하면 그걸로 끝이다.

하지만 래리처럼 훌륭한 사람도 종종 투기꾼으로 불린다. 초보자들이나 시샘하는 이들이 가끔씩 그를 나쁜 사람이라고 평한다. 하지만 래리는 이렇게 말할 뿐이다.

"잠깐만요, 저는 제 일을 할게요. 규칙에 따라 플레이를 하고, 유리한 지점을 찾아서 살아남을 겁니다."

그런데 이런 관점은 배척되고 만다. 왜냐하면 대중들은 자신만의 새로운 사고방식이 아니라 다수가 안전하다는 관점을 추구하기 때문이다. 언제나 래리는 안전에 관한 다수의 견해 대신에 부를 얻기 위한 자신의 기회를 추구해왔다. 안전에 관한 대중의 관점과 래리의 리스크 감수 방식의 차이를 논하던 중에, 그는 트레이더 아니랄까 봐, 내게 이렇게 말했다.

"장담하는데, 당신은 억만장자입니다."

내가 무슨 뜻밖의 대답을 할까 기대하고서 던진 말인 듯했다. 분위기를 즐겁게 만들려고 던진 그 말에 나는 이렇게 대답했다.

"저는 돈이 없어요(웃음). 〈대부 2〉에 나온 유명한 대사가 뭔지 아세요? 나는 마이애미에 사는 가난한 연금수령자, 그게 다예요! 마이애미 해변으로 이사 갈까 해요. 래리 씨 옆집에서 살려고요. 우리 둘 다 연금으로 사는 거예요. 어때요?"

래리는 웃으면서 대답했다.

"찬성!"

래리의 재치 있는 말은 물론이고, 그의 철학도 종종 금융계에서 오해를 받는다. 해마다 어디에선가 누군가는 늘 추세추종이 죽은 전략이라고 떠벌린다. 상투적이고 불길한 블룸버그 표제가 독자들의 눈길을 사로잡는다. 주류 언론은 래리의 철학을 두려움이라고 치부해버린다. 왜 그럴까? 바로 그들의 소중하기 그지없는 광고 수입이 래리와는 전혀 다르게 사고하고 행동하는 월스트리트에서 나오고, 래리의 관점은 그들이 파는 것에 근본적인 위협이 되기 때문이다.

하지만 어째서 추세추종은 결코 죽지 않을까? 왜 래리의 관점은 시대를 초월할까? 이 질문에 대한 래리의 답은 명쾌하다. 추세추종자들은 잃기를 두려워하지 않는 극소수의 사람들이기 때문이다.

래리가 그런 사람임은 이미 밝혔고, 그렇다면 잃기를 두려워하지 않는 또 다른 사람은 누구일까? 제프 베조스다. 베조스가 래리와 똑같은 규칙을 사용한다는 걸 알고 있는가? 아마존의 유명한 사업상 고안품들은 전부 베조스가 남긴 성공작들이다. 그것들은 아마존의 실험에서 살아남았다. 물론 아마존에서 실패한 수천 가지 시도나 실험은 세간에 알려지지 않았다. 알다시피 인생에서 리스크 감수는 비대칭적이다. 시장에서부터 데이트하기, 그리고 그 사이에 있는 모든 것에 이르기까지 말이다. 크고 뜻밖의 성공작들은 실패한 많은 실험에 대한 대가를 치르고 얻어진다.

래리가 한 말을 그대로 인용하진 못하겠지만, 십중팔구 그도 이 말에 동의할 것이다. "당신에게 우주선의 좌석 하나를 내준다고 한다면, 어떤 좌석인지 묻지 마라. 그냥 타라." 그냥 순순히 받아들이면 되는 것이다. 이러한 '우주선의 좌석 잡기' 태도는 훌륭하다! 우리는 이 말은 단번에 이해하지만, 삶에서는 종종 그런 식으로 행동하지 않는다.

이제 시간을 앞으로 돌려서 2019년 초로 가보자. 나에게 전화가 걸려왔고, 발신자 번호를 확인해보았다. 1만 5,000킬로미터 정도 떨어진 곳에서 걸려온 래리의 전화였다. 전화를 받았다. 그리고 몇십 초 만에 우리는 이 책에 대해, 그리고 잠정적인 제목에 대해 논의하고 있었다. 그 무렵 (나를 포함해) 많은 사람이 책 제목을 제안하고 있었다. 하지만 그때 처음으로 래리는 책 제목을 어떻게 하면 좋을지 내게 말해주었다. 그는 불쑥 이렇게 말했다.

"원칙이에요. 그거예요, 제목은 부의 원칙!"*

굳이 설명도 필요 없었다. 1800년대 전설적인 영국의 정치경제학자인 데이비드 리카도를 염두에 둔 제목이었다. 리카도는 래리가 금과옥조로 여기는 주문, 즉 시대를 초월한 원리를 신봉했다.

"손실은 막고 수익은 계속 늘려라."

이것이 규칙이다.

이것이 래리다.

마이클 코벨Michael Covel**

《추세추종 전략Trend Following》,

《터틀 트레이딩The Complete TurtleTrader》의 저자

---

* 래리 하이트가 언급한 단어는 원서 제목인 'The Rule'이었다.

** michael@covel.com
  Host, The Trend Following Podcast
  Larry Hite Audio Interviews:
  www.trendfollowing.com/larry/

차
례

1부

쉽스헤드, 삼겹살 그리고 블랙잭

2부

민트 펀드,
시장의 마법사들
그리고 **규칙대로 살기**

────────── ∾ ──────────

게임에 뛰어들어라

신앙심이 깊은 한 노인이 브라이튼 비치에 살고 있었다. 어느 날 그는 이웃이 백만 달러 복권에 당첨되었다는 말을 들었다. 샘이 난 노인은 씩씩대며 해변으로 달려 나갔다. 그리고 햇볕을 쬐며 즐거운 시간을 보내는 가족들 앞에 서서 하늘을 향해 이렇게 소리쳤다.

"하느님, 정말 화가 납니다. 저는 착한 남편이자 아버지로 살아왔어요. 일도 열심히 했고, 주일마다 교회에 갔고요. 복권은 30년 전부터 있었는데, 저는 한 푼도 당첨된 적이 없다고요!"

바로 그때 하늘이 어두워지면서 번개가 쳤다. 그리고 위엄에 가득 찬 목소리가 하늘에서 울려 퍼졌다.

"복권을 한 장이라도 산 적이 있느냐? 먼저 복권을 사고 날 탓하거라.*"

인생 교훈 제1조. 얻으려면 뛰어들어야 하며, 베팅하지 않으면 얻을 수 없다. 매우 단순한 교훈이다. 그러나 지금까지 내가 본 많은 똑똑하고 재능 있는 사람들은 뭔가를 원한다는 말만 할 뿐, 그것을 얻기 위해 아무 일도 하지 않았다. 그들은 승자의 무리에 속하지 못했다. 왜냐하면 게임에 뛰어들지 않았기 때문이다.

게임에 뛰어들지 못한 이유는 바로 두려움 때문이다. 나는 많은 사람이 두려움을 극복하여 현재보다 더 나은 삶을 살 수 있도록 돕고 싶다. 또 내 자손들과 그다음 세대가 (돈벌이에서뿐만 아니라 사랑에서도) 올바르게 베팅하면 많은 일이 가능하다는 것을 알아차리기 바란다. 베팅이란 단지 우리의 선택이다. 일상생활이나 시장에서는 우리가 통제할 수 없는 것이 매우 많지만, 선택만큼은 통제할 수 있다.

---

* 웬만해선 복권을 사지 말기 바란다. 승산이 낮다. 이것은 이번 장의 예시로 든 것이다.

내가 가장 중요하게 생각하는 것을 말하면, 당신의 꿈이 당신의 한계보다 더 중요하다는 것이다. 당신의 DNA나 가정환경은 어찌해볼 수 없다. 하지만 목표와 꿈은 선택하고 추구해나갈 수 있다. 나의 경우에는 꿈이 한계보다 더 강했다. 심각한 한계였는데도 말이다. 물론 예전의 나보다 훨씬 더 곤궁한 사람들은 많지만, 내가 마주한 장애물은 실로 만만치 않았다.

'1장 자신이 누구인지 알기'에서 나의 성장 환경을 소개하겠지만, 먼저 아주 기본적인 내용을 알려주겠다. 나는 중하류층 가정에서 태어났고, 중대한 학습장애가 있었다. 학교 성적은 나빴으며, 눈은 거의 보이지 않는 상태였다(한쪽 눈은 완전히 먼 상태고 다른 쪽 눈은 절반쯤 먼 상태다). 잘 생기지도 않았다. 운동도 잘하지 못했다. 하지만 지금 나는 자수성가한 억만장자이다. 그 비결은 무엇이었을까? 나는 나 자신에게 베팅해서 이겼다. 하늘에 걸고 맹세하건데, 당신도 그럴 수 있다. 내 이야기를 독자들과 나누고 싶은 까닭도 바로 나의 이런 이력 때문이다.

이 책은 돈을 벌기 위해 쓴 것이 아니다. 명예를 얻기 위해서도 아니다. 왜냐하면 이미 얻었기 때문이다. 그리고 나에게 명예는 늘 부차적인 일이었다. 나는 일억 달러 정도를 현금과 주식으로 갖고 있다. 그렇다면 '내 이야기를 독자들과 왜 나누고 싶은가'라는 질문에 대한 답은 무엇일까? 사실, 진짜 질문은 이것이다. "나는 누구를 위해 이 책을 썼는가?"

이 책은 예를 들어 이런 사람들을 위한 책이다. 고등학교 댄스파티에 초대받지 못한 과체중 여학생, 야구 시합에서 선수로 한 번도 뽑힌 적이 없는 남학생이다. 알다시피, 그런 취급을 당한 아이들은 상처를 입는다. 그리고 스타 운동선수이다. 왜냐하면 이들도 나름대로 극복해야 할 어려움이 있기 때문이다. 요약하자면 나의 교훈은 초등학교나 중고등학교에서 또는 인생의 어떤 시기에서든 이기는 법을 터득하지 못한 모든 사람을 위한 것이다. 한마디로 우리 모두를 위한 것이다.

10대였을 때 우리 대다수는 멋진 남학생이나 여학생에게 댄스파티에 같이 가자는 초대를 받지 못했거나, 스포츠 팀의 주장이 된 적이 없다. 오래된 로큰롤 중 〈첫 상처가 가장 깊다 The First Cut Is the Deepest〉라는 곡이 있는데, 바로 10대 때 우리는 첫 상처를 입는다.

한 번 생각해보자. 나는 비쩍 마른 아이에서 확 바뀌어 뚱보 아이가 되고 말았다. 왼쪽 눈은 멀고 오른쪽 눈은 반만 멀었는데, 그나마 좋은 눈마저도 난독증이 있었다. 그러니 뭘를 하든 형편없었다. 그러나 학교에서, 스포츠에서 그리고 일상생활에서의 경험을 통해 나는 큰 통찰을 얻었다.

무슨 일을 해도 엉망진창이고, 친구들에게 미스터 코디네이션Mr. Coordination(못하는 게 여러 가지임, 즉 여러 가지를 조화롭게 못한다는 반어적 의미)이라는 놀림을 받을 때 내가 해야 할 일은 바로 벌떡 일어나서 계속 가는 것이라고.

당신이 해야 할 첫 번째 일

무언가를 특정하지 않으면 그걸 얻을 수 없다. 상투적인 말 같지만, 나에게는 분명한 진리였다. 내가 일곱 살 때, 한 어른이 나를 포함한 몇 명의 아이에게 자라서 뭐가 되고 싶은지 물었다. 내 친구들은 교사, 의사, 소방관 등 뻔한 답을 내놓았다. 내 차례가 왔을 때 나는 "이모부처럼 부자가 되고 싶어요"라고 대답했다. 부자가 무슨 뜻인지도 정확히 몰랐는데도, 입 밖으로 불쑥 그런 말이 나왔다. (한참 세월이 흘러 《부자 아빠 가난한 아빠》라는 책을 읽고 난 후 부자에 대한 만족스러운 정의를 알게 되었다. 이 책의 저자는 '만약 2~3년 동안 놀고 먹을 돈이 있으면 부자다'라고 말했다.)

그땐 어렸기에 나보다 나이 많은 사람들을 보고 부자의 기준을 정했다. 부모님과 내가 사는 집은 방 3개짜리 연립주택이었다. 이모부는 큰 저택에 살았고, 그래서 그는 부자였다.

나도 그런 집에 살고 싶었다. 결핍은 매우 강력한 느낌이어서, 나를 거세게 몰아붙였다.

15년 후 대학을 졸업할 무렵 나는 똑같은 질문을 받았고, 예전과 똑같이 부자가 되고 싶다고 대답했다. 내게 돈은 F로 시작되는 단어와 같은 의미였다. 상상만으로도 매력적이고 내가 가장 원하는 상태인 자유Freedom를 뜻했다. 이제껏 내가 한 모든 일은 자유 때문이다. 나는 원하는 것은 뭐든 할 수 있게 해줄 자유를 원했다. 그러면서도 실패를 막아줄 보호 장치도 필요했다. 사람들이 잘하는 모든 일을 나는 다 할 수 없었다. 그래서 내 약점을 만회하기 위해, 콕 집어서 부자가 되기로 결심했다.

성장기를 함께 보냈던 친구들과 다른 지인들의 삶을 지금 와서 생각해보면, 우리는 서로 별반 다르지 않았다. 하지만 현재 그들은 대체로 경제적인 면에서 성공하지 못했고, 온갖 후회를 달고 산다. 나는 이렇게 자문해본다. '내가 남들보다 훨씬 더 잘되었나?' 그렇지는 않은 듯하다. 결코 아니다. 다만 내가 성공한 까닭은 목표를 정하고 그걸 추구할 의지가 있었기 때문이다. 의미 있는 목표를 세우는 일이 얼마나 중요한지는 아무리 강조해도 지나치지 않다. 당신이 진정으로 원하는 것이 무엇인지 모른다면, 살면서 선택해야 하는 매 순간마다 큰 부담으로 다가올 수 있다.

그렇다고 해서 내가 다른 사람들과 달리 두려움이 없었다는 말은 아니다. 두려움이 있었다. 나는 고작 스물일곱 살 때 처음으로 큰돈을 벌었다(이 이야기는 3장에 나온다). 그때 내 심정은 기쁨이나 자부심과는 거리가 멀었고, 사실 이 첫 성공은 엄청난 두려움을 안겨주었다. 그 돈을 잃을까 봐 두려웠고, 동시에 그 돈에 뒤따라온 힘과 책임감도 두렵게 느껴졌다.

내 삶의 여정을 당신이 따라와 주기를 바란다. 내가 성공한 트레이더이자 행복한 남편, 아빠, 할아버지 그리고 친구가 된 이야기를 당신과 나누고 싶다. 삶과 투자에 대한 나의 접근법은 전문적이지 않고 여러 쪽의 차트도 필요하지 않다. 그저 나의 철학에 바탕을 두고 있다. 부와 성공의 관건은 매번 잘하기가 아니다. 오히려 잘했을 때 얼마만큼 벌고, 잘못했을 때 얼마만큼 잃는가의 문제이다. 옹졸한 사람들이 큰돈을 버는 경우가 있다. 하지만 충분히 벌지 않으면, 모르는 사람들이 모인 칵테일파티에서 허세 부리는 능력만 얻게 될 뿐, 진정으로 성공했다고 할 수 없다.

투자나 다른 사업상의 도전에서 억만장자가 되기 위해 양자물리학을 알아야 할 필요는 없다. 사실 월스트리트에서 발명해낸 많은 금융 이론은 내가 자란 브루클린 거리에서 시작되었다. 1980년대 초 예일대학의 경제학자이자 헤지펀드 매니저가 나에게 접근했을 때가 지금도 생생하다.

그는 나에게 이렇게 말했다. "래리, 우리와 함께 일해보자고. 우리가 개발한 시스템이 마음에 들 거네."

그는 자신이 속한 팀에서 발간한 유명한 경제학 논문 한 편을 내게 설명해주었다. 재고비용이 사업에 미치는 영향을 분석한 논문이었다. 논문에서는 팔리지 않은 재고가 생기면 그로 인한 매몰비용 때문에 판매자는 큰 금전 손실을 입는다고 밝히며 수학적 방법을 하나 제시했다. 그 방법으로 제품이 팔리지 않을 때의 비용이 시간이 지남에 따라 어떻게 변하는지 알아낼 수 있었다. 결과적으로 팔리지 않는 일수만큼 사실상 돈을 빌리는 셈이었다.

하지만 이런 재고 물품의 비용 발생은 유대인 상인과 그 자녀들은 이미 알고 있는 내용이다. 나는 경제학자에게 이렇게 말했다. "내 할머니가 쉽스헤드 베이Sheepshead Bay에서 과일 행상을 했어요. 당일에 모두 팔아야 할 과일이 조금이라도 남으면 할머니는 가격을 낮추었어요. 그날 밤에 일곱 식구를 먹여야 할 돈을 마련해야 했으니까요." 할머니는 글을 읽고 쓸 줄 몰랐지만, 셈을 할 수는 있었다. 대다수의 트레이딩, 투자 그리고 사업에서의 성공은 셈하기와 승산에 달려 있는데, 의지가 있다면 충분히 할 수 있는 일이다.

그 경제학자는 좋은 사람이었다. 나는 함께 일하지는 않겠다고 했지만, 고마움을 표했다. 내가 의심하고 있던 것을 그가 확인해주었다는 데 감사했다. 투자와 부의 축적에 관해 당신이 알고 있는 내용의 상당 부분은 복잡한 이야기들과 예측에 기초하고, 면밀한 조사를 통해 언제나 무너지고 만다. 다시 한 번 말하겠다, 언제나! 성공의 비결은 대다수 사람이 알고 있거나 배웠던 것보다 훨씬 더 단순하다.

내 삶이 증명해주듯이, 나쁜 승산을 극복하는 데는 타당한 전략이 있으면 가능하다. 솔직히 말해서 나는 30대 초반 이후 별로 일을 한 적이 없다. 어떻게 그럴 수 있었을까? 글쎄, 내가 좋아하는 일을 했으니까…. 하지만 우리가 보통 생각하는 것과 같은 그런 일은 아니었다. 잠을 자는 동안에도 돈을 벌 수 있는 나만의 시스템을 구축하는 법을 배웠기 때문이었다.

나는 기지를 발휘해서 살아왔고, 중고등학교와 대학을 매우 힘들게 다녔지만, 그래도 훌륭하게 마쳤다. 그런 힘든 경험 덕분에 나는 뭐든 의심하는 사람이 되었다. 정보를 손에 쥐고 있는 자들이 내놓는 통상적인 지혜를 좀처럼 받아들이려 하지 않는 사람이 된 것이다. 이 책의 '1장 자신이 누구인지 알기'와 '2장 자신이 좋아하는 게임을 찾아라'에서 밝히겠지만, 나는 초기의 실패로 인해 그런 실패에, 그리고 더 중요하게는 그런 손실에 편안함을 느끼게 되었다. 그리고 이것이 성공의 토대가 되었다.

나는 트레이딩 초기의 경험을 통해, 인간의 오류 가능성을 깨달았다. 그래서 나의 투자 방식은 결코 미래 예측에 근거하지 않는다. (힌트: 누구도 미래를 예측할 수 없다!) 또한 내가 배우기로는 경제나 시장이 다음에 어디로 갈지에 대해 대담한 예측을 하기에는 미지의 변수와 불확실성이 너무나도 많다. 나의 승리 전략은 가까운 미래에 일어날지 아닐지도 모를 일이 아니라, 현재의 사실들을 바탕으로 현명한 결정을 내릴 수 있도록 인간의 오류 가능성을 이해하고, 사람들의 행동을 읽어내는 것이다. 그리고 위험을 제한하는 조치를 적극적으로 취하는 것이다.

나는 추세추종자, 즉 추세를 따르는 사람이다. 추세추종의 힘은 추세가 지금 일어나고 있다는 것이다. 나는 베이지안 통계 개념을 이용하여 바로 지금의 나를 지속적으로 업데이트하는데, 이것은 평균 타율 따르기와 매우 흡사하다. 이 책의 4장에서 돈과 인생에 대한 추세추종 접근법을 소개하겠다. 나에게 그 방법이 통했으니 당신에게도 통하지 않을 이유는 없다.

'아주 새로운 것'이나 신비롭게 들리는 시스템 그리고 '매우' 혁신적인 연구 자료를 들고 나오는 전문가들을 조심하기 바란다. 버나드 메이도프Bernard L. Madoff*를 기억하는가? 쉽게 돈을 벌게 해주겠다며 수십억 달러를 훔쳐간 자다. 세상에는 이 사람 말고도 나쁜 사람들이 많다. 돈을 벌고 싶은가? 그러려면 선동에 넘어가지 말아야 한다. 절대 넘어가선 안 된다. 바로 지금의 추세를 살펴보라. 예측이 가득한 번드르르한 보고서를 따르기 시작한다면, 당신은 어느 곳에 훌륭한 카피라이터가 있는지 알게 될 뿐이다. 월스트리트의 투자 및 자금 관리 기관들은 멋진 이야기를 이용해서 자신들의 전문 지식을 당신에게 파는데, 앞으로 천 년 후에도 그들은 똑같은 수법을 사용할 것이다.

당신도 알고 있듯이 이야기는 인간 사회의 여명기부터 다음 세대에게 즐거움과 지식을 전달하기 위해 시작되었다. 천성적으로 우리는 잘 구성된 이야기를 통해 배움을 얻는다. 하지만 안타깝게도 월스트리트는 이야기를 원하는 우리의 기본적인 약점을 먹잇감으로 삼는다.

그러나 충분한 주의를 기울이는 사람들에게는 반가운 진리

---

* 미국 헤지펀드 투자 전문가이자 전 나스닥 증권거래소 소장, 고수익을 미끼로 투자자들을 끌어들인 뒤 나중에 투자한 사람의 원금으로 이전 투자자들에게 수익을 지급하는 다단계 금융사기인 폰지 사기Ponzi scheme를 벌인 것으로 알려짐

가 있다. 즉 글로벌 금융시장을 가장 잘 설명하고 거래할 수 있게 해주는 것은 이야기가 아니라 '수Number'라는 사실이다(수야말로 유일한 사실이다). 시장은 늘 변동하며 냉정한 경제적 이해관계들이 집적된 결과물인데, 그런 이해관계들은 법적인 규제시스템 내에서 우위를 점하려고 끊임없이 경쟁한다. 그런데 대부분의 월스트리트 이야기는 진짜 추세 뒤에 있는 수(확률)를 모호하게 만든다. 나는 그런 이야기를 모조리 물리칠 방법을 알고 있다. 시장이 오르는지 내리는지를 알게 해주는 방법인데, 이는 두 가지 통계의 비교로 귀결된다.

수는 일상에서 만나기 어려운 매력적인 사람들이 금융 관련 방송에서 떠들어대는 이야기만큼 재미있거나 섹시하지 않다. 하지만 수야말로 올바른 방식, 즉 내가 알려주는 방식을 사용한다면 당신을 더 부유하게 만들어줄 것이다. 예를 들어보자. 만약 내가 당신에게 어떤 회사의 주식이 연간 신고가에 다다르고 있다고 말하면서 차트상의 숫자를 보여주면, 우리는 서로 다툴 일이 없다. 대신에 그 회사의 CEO가 28명을 살린 전쟁 영웅이라고 말한다면, 우리는 종일 다툴지도 모른다. '그가 정말로 28명을 구했나? 그것이 내가 돈을 버는 데 도움이 되는가?' 이렇게 갑론을박하면서 말이다. 회사 주식의 연간 신고가야말로 내가 알고 싶은 모든 것(숫자)이다. 나를 부자로 만

들어준 매우 지루한 체계적 트레이딩 체계를 구축했기 때문에 나는 성공할 수 있었다. 결코 누가 전쟁 영웅인지에 대해 토론해서가 아니다. 설령 답을 안다고 해도 그런 사소한 정보가 시장에서 나한테 단돈 1달러라도 벌게 해줄까?

과대 광고를 팔아서 넉넉하게 지낼 수 있겠지만, 진짜 부자가 되려면 진실을 사야 한다. 지난 40여 년 동안 시장(여러 시장, 하지만 주로 선물시장)에서 트레이딩을 하면서 나는 거래 대상을 (그것이 합법적이라는 사실 외에는) 점점 더 모르게 되었다. 그것은 잣, 삼겹살, 커피, 설탕, 주식 또는 채권일 수도 있다. 무엇을 거래하는지는 왜, 어떻게 거래하는지만큼 중요하지 않다.

앞으로 소개하겠지만, 나의 트레이딩 철학은 언제나 가격이 오를 것이므로 주식을 매수 후 보유하라고 호들갑을 떠는 전통적인 지혜에 도전한다. 과연 누가 그런 말을 믿겠는가? 또한 나의 철학은 돈을 버는 것뿐만 아니라 결혼, 일상생활, 사업상의 거래 그리고 당신의 경력(어떤 경력이든 간에)에도 통할 수 있다. 손실은 막고, 수익이 나는 것(수익 종목)과 함께하라. 이것이 부를 쌓고 목표를 달성하기 위한 나의 신조이며, 규칙이다. 언제 (손을 떼서) 손실을 막을지, 그리고 수익이 나는 것을 언제까지 계속 따라가야 할지 어떻게 알 수 있을까? 그건 스스로 알아내야 한다. 위험을 어느 정도까지 감내할지 스스로 결정해야 한다. 예를 들어 당신은 직업이나 인간관계에서 오는 이익 감소를 얼마나 견뎌낼 수 있는가? 이에 대한 답을 얻기 위한 방법을 알려주겠다.

인생에서는 돈보다 시간이야말로 가장 중요한 통화Currency인데, 우리에게는 유한한 양의 시간만이 존재한다(적어도 수명 연장의 기술이 나오지 않는 한은). 돈은 벌 수도 있고 잃을 수도 있으며, 잃었다가 다시 벌 수도 있다. 하지만 시간만큼은 다시 얻을 수 없다. 때문에 승산이 유리한 좋은 결정을 하는 일은 우리 자신에게 더 많은 시간(달리 말해서 자유)을 벌어줄 최고의 방법이다.

하지만 요즈음에는 나처럼 승산을 따지는 사고방식을 대부분의 사람이 좋아하지 않는다. 영웅도 드라마도 없기 때문이다. 극적인 전개도, 영웅의 여정도, 위대한 이야기도 없다. 하지만 이런 이야기를 들려주면 당신의 생각이 좀 달라질까? 나는 아침에 일어나서 몇 가지 숫자를 살펴보면서 원하는 것을 얻을 가장 간단한 방법이 무언지 스스로에게 물어본다. 그리고 20분 동안 트레이딩을 한 후 온종일 자유롭게 돌아다닌다.

내가 깨달은 바로는 원하는 것을 얻기란, 똑똑하게 베팅하는 법을 배우는 일이다. 핵심은 '똑똑하게'이다. 그리고 똑똑하게 베팅하기는 기본적인 확률을 이해하는 일이다. 나는 부자가 되기 위해서 내가 옳았을 때는 많은 수익을 얻고, 틀렸을 때 너무 많이 잃지 않는 방식으로 트레이딩하는 법을 배웠다. 나의 사고방식, 나의 시스템은 판돈을 몽땅 잃지 않도록 리스크를 줄이기 위해 통제하는 것이 기본이다. 나는 어느 정도 잃을 여력이 되는지 스스로 결정한 후 그 이상 잃지 않도록 조치를 취한다. 다시 말해, 셔츠를 걸지 않으면 셔츠를 잃을 일은 없다.

거듭 말하지만, 당신은 잃을 수 있는 정도보다 더 많은 리스크를 떠안아서는 안 된다. 그 이유는 당신은 시장을 거래하는 게 아니라 돈을 거래하기 때문이다. 더군다나 그건 당신의 돈이다. 오직 당신만이 제한된 금액 내에서 어느 정도까지 잃을 수 있는지 통제할 수 있다. 이 원리에 적응되면, 게임에 뛰어들기가 한결 수월해진다. 그러면 두려움을 떨쳐낼 수 있다! 이 말을 쓰고 있자니 온몸에 소름이 돋는다. 그만큼 성공에 이르는 중요한 원리인데, 대다수 사람은 잘 모른다.

아마 딴 세상 이야기라고 여기는 사람들도 있을 것이다. 잠깐! 나는 이 책의 독자가 내 삶의 여정을 통해 덕을 볼 투자자나 트레이더여야 한다고는 결코 생각하지 않는다. 이 책을 읽고 자신이 진정으로 누구인지 더 잘 알게 되고, 돈을 벌 최상의 기회를 잡고, 직업과 일상생활에서 원하는 목적을 이루는 데 도움을 받기를 원한다. 살아가면서 당신이 어떤 결정을 내린다고 해서 세상을 바꿀 수는 없겠지만, 더 나은 선택을 할 수는 있다. 그런 선택들이 당신 자신은 물론, 당신이 아끼는 사람들에게 더 나은 삶을 가져다줄 것이다. 이것이 내가 돕고 싶은 일이다.

나의 바람은 전문적인 금융 용어를 전혀 사용하지 않고 내 삶의 여정을 100퍼센트 이해시키는 것이다. 내가 사용하는 몇몇 기본적인 금융 용어들은 인베스토피디아Investopedia에서 쉽게 찾아볼 수 있다. 그리고 화려한 이야기들이 나오긴 하지만, 나는 이야기를 통해 사실과 추세가 어떻게 작동하는지를 보여줄 뿐 현실을 왜곡하지는 않을 것이다.

'1부 쉽스헤드, 삼겹살 그리고 블랙잭'은 나의 어린 시절과 10대 시절 이야기인데, 학교 성적이 나빴고 시각장애에 난독증까지 있었던 아이가 마침내 어떻게 소명을 찾았는지 그 과정을 이야기한다. 그리고 나의 4가지 삶의 원칙을 소개하고, 그것을 돈 벌기와 인생의 게임에 어떻게 적용하는지도 설명한다. (1) 게임에 뛰어들어라. (2) 판돈을 몽땅 잃지 마라. 그러면 다음에 베팅을 할 수 없기 때문이다. (3) 승산을 알아라. (4) 손실은 막고, 수익이 나는 것은 따라가라. 우선 내가 누구인지, 왜 이 일을 선택했는지, 그리고 이 원칙들이 어떻게 당신에게 도움이 될 수 있는지 당신은 이해해야 한다.

'2부 민트 펀드, 시장의 마법사들 그리고 규칙대로 살기'에서는 그 원칙들을 더 큰 세계에 적용하는 이야기를 들려준다. 예를 들어 내가 파트너들과 함께 어떻게 민트 인베스트먼트를 설립했는지에 대한 이야기도 있다. 민트 인베스트먼트는 사상 최초로 10억 달러를 거래한 세계에서 가장 큰 헤지펀드 회사가 되었다. 내가 했던 트레이딩은 정교한 연구와 계산에 바탕을 두었지만, 나는 그런 과정을 이해하기 쉽게 설명하려고 애썼다. 이를 통해 당신이 나와 다른 방향으로 가더라도 어떻게 부를 쌓을 수 있는지 보여주고자 한다. 또한 초보자를 위한 구체적인 기법뿐만 아니라 전문 트레이더를 위한 원리들도 함께 나누고자 한다. 하지만 나에게 가장 중요한 것은 특정한 기법이 아니라 내가 이룩한 전반적인 철학이다. 이 철학이야말로 국적과 남녀노소를 불문하고 모든 사람에게도 소중한 철학이 될 것이라고 믿는다.

앞으로의 이야기를 통해서 알게 되겠지만, 나는 실수를 해보았기 때문에 실수에 대처할 수 있게 되었다. 더 중요한 것은 모든 수익은 숱한 작은 손실을 바탕으로 하며, 그런 손실들이 큰 수익과 성공의 길을 열어준다는 것이다. 대학생들에게 강연할 때 종종 나는 학생들이 스스로에게 물어야 하는 다음 7가지 질문을 제시한다.

1. 당신은 누구인가?

2. 목표가 무엇인가?

3. 인생의 게임에서 무엇을 택할 것인가?

4. 그 게임을 어디에서 할 것인가?

5. 게임을 시작하기에 적합한 투자 기간Time Horizon과 투자 기회Opportunity Horizon가 보이는가?

6. 일어날 수 있는 최악의 상황은 무엇인가?

7. 원하는 바를 얻으면 어떻게 할 것인가?

이 책의 제목을 《부의 원칙》이라고 한 이유는 내가 투자에서 성공하기 위해 사용했던 트레이딩 철학이 어떻게 인생(사랑과 결혼에서부터 직업 결정, 나아가 어떻게 길을 건널지에 대한 결정)에서도 유효할 수 있는지를 전하기 위해서다. 이 책이 계기가 되어 인생의 모든 중요한 결정에 깔려 있는 승산을 당신이 살펴볼 수 있기를 바란다. 물론 지금이야 그런 승산을 진지하게 생각하지는 않겠지만 말이다. 추세추종자인 나는 삶에서 만나게 되는 추세와 수들을 자세히 살펴보기를 권한다. 누구도 미래를 알 수 없지만, 추세와 수는 당신에게 무언가를 알려줄 것이다.

1부

쉽스헤드, 삼겹살 그리고 블랙잭

자신이 누구인지 알기:
어떻게 나는 실패를 통해 배웠나

2012년 7월 어느 날 밤, 〈헤지펀드 리뷰Hedge Funds Review〉에서 제1회 〈헤지펀드 리뷰 아메리칸 어워드〉 시상식에 나를 초대했다. 검정 나비넥타이가 필요한 행사였다. 주최 측 인사들은 나에게 상을 줄 것이라고 알려주었지만, 무슨 상인지는 몰랐다. 젊은 시절 잠시 나는 스탠드업 코미디를 한 적이 있었다. 어쩌면 '스탠드업 코미디언 중에서 최초로 트레이더가 된 사람에게 주는 상은 아닐까?'라는 생각이 들었고, 행사에 참석하는 것이 내키지 않았다. 일단 그런 자리에 참석하면 대체로 좋은 시간을 보내긴 하지만, 턱시도를 입어야 하는 북적북적한 행사를 나는 꺼리는 편이다. 그곳에 가는 일이 약간 귀찮게 느껴졌지만, 참석해야 했던 자리였기 때문에 마지못해 갔다.

여름밤이지만 너무 습하지는 않아서, 야외 분위기가 아주 좋았다. 행사가 열린 호텔 루프톱은 사방에서 날아오는 맨해튼의 불빛들로 번쩍였다. 마실 것과 식사 그리고 사람들과의 대화 모두 훌륭했다. 하지만 밤이 깊어가는데도 내 이름이 호명되지 않았다. 그리고 마침내 마지막 수상자가 발표되었다. 헤지펀드 산업의 개척자로 래리 하이트가 평생공로상을 수상한다는 내용이었다. 박수갈채가 쏟아졌다.

나는 주최 측에 감사의 말을 전한 다음에 내 인생 철학의 핵심을 이렇게 요약했다.

"인생이란 언제 어떻게 될지 아무도 모르는 법이죠."

아직도 내 사무실에는 상으로 받은 나무와 황동으로 된 명판이 전시되어 있다. 명판에는 이렇게 적혀 있다. '래리 하이트는 광범위한 시장과 금융상품에 걸쳐 일관되고 매력적인 리스크/보상 관계를 창출할 수 있는 견고한 통계 프로그램과 체계를 구축하는 데 지난 30년의 인생을 바쳤다.' 잡지에도 이런 기사가 실렸다. 〈헤지펀드 리뷰 아메리카 어워드 2012〉에서 평생공로상을 수상한 래리 하이트는 한 세대의 상품거래자문

사CTA와 체계적인 헤지펀드 매니저들에게 영감을 주었다.'

어떻게 이런 일이 가능했을까? 어떻게 나는 고객들과 파트너들에게 수억 달러를 벌게 해주었을까? 내가 거둔 성공(내가 보기엔 당신도 거둘 수 있는 성공)은 언제나 큰 실패를 예상했기 때문에 가능했다. 비결이 궁금한가? 나는 실패가 나를 망치지 못하도록 대처했다. 이해가 되는가? 이는 매우 중요하기 때문에 혹시 이해가 안 되는 독자를 위해 다시 한번 말하겠다. 나는 늘 질 것을 예상했기 때문에 이겼다.

어떻게 그럴 수 있었을까? 직관에 반하는 듯한 이 진리는 나의 뿌리, 즉 어린 시절로 거슬러 올라간다.

◆ ◆ ◆

나는 1941년에 브루클린의 쉽스헤드 베이에서 태어났다. 맨해튼 북부의 상류 계층과는 한참 먼 세계였다. 우리의 이웃은 주로 이민 1세대인 이탈리아인과 유대인 노동자 계층이었다. 유대인들은 연립주택에 살았고, 이탈리아인들은 거리에 줄지어 들어선 작은 다가구주택에 살았다(고등학교에 가기 전까지 개신교도는 단 한 명도 본 적이 없었다). 우리 가족이 살았던 연립주택은 침실이 하나밖에 없었고, 애비뉴 VAvenue V와 오션 애비뉴

Ocean Avenue의 모퉁이에 있는 제2차 세계대전 때 지어진 붉은 벽돌 건물이었다. 여덟 살이 되기 전까지 내 방은 없었다. 부모님이 같은 건물 위층에 방 두 개짜리 집을 마련하기 전까지 나는 소파에서 잠을 잤다.

내 부모님은 어떤 분이었을까? 아버지는 영세 침대보 제작 업자였다. 이민자였던 조부모님은 행상을 하며 어렵게 생계를 꾸렸는데도 아버지가 사업을 시작할 돈을 빌려주셨다. 아버지는 동업으로 사업을 시작했다. 동업자가 공장을 운영하고 아버지는 영업, 디자인 및 판매를 담당했다. 세월이 한참 흐른 후 아버지는 고등학교를 졸업하지 못했다고 내게 털어놓았다. 아버지는 다정다감한 분으로, 저녁 7시 이후에는 늘 집에 계셨다. 자식들이 잘못을 하면 화를 참지 못하셨지만, 10분 후에 방으로 들어와 케이크를 먹지 않겠느냐고 물어보는 분이셨다. 외조부모님도 이민자였고 역시 행상을 했다. 자식들이 출세하기를 원했던 어머니는 어렸을 때부터 나에게 커서 대학에 갈 것이라고 말씀하셨다. 하지만 당시로서는 그것이 가능할지 누구도 알지 못했다.

나는 특별한 재능이 없는 아이였다. 대신에 심각한 장애가 있었다. 어린 시절의 나는 시도하는 것은 무엇이든 제대로 해내지 못했고, 스스로 실패자라고 느꼈다. 평범한 정도라도 되려고 최선을 다했지만, 그것은 나에게 월드 시리즈 우승에 맞먹는 일이었다(지금 이 이야기를 쓰고 있자니 옛날의 내가 안쓰럽기만 하다). 내가 '평범'하지 못한 이유는 두 가지 문제점 때문이었다. 첫째는 끔찍한 시력이었다. 한쪽 눈은 태어날 때부터 멀었고, 다른 쪽 눈도 시력이 매우 나빴다. 학교에서 시력 검사를 할 때면 시력 검사표 제일 위쪽에 있는 가장 큰 글자인 E도 보지 못했다. 부모님이 안경을 사주었지만, 한쪽 눈만 교정이 가능했다. 시작부터 나의 눈은 절반이 먼 상태였다.

볼 수 없으니까 당연히 운동도 잘하지 못했다. 운동을 잘하는 이종사촌이 공을 던질 때마다 나는 머리에 공을 맞을 위험을 감수해야 했다. 누군가 나에게 공을 던질 때마다 공을 놓치거나, 설령 잡더라도 어설프기 그지없는 모습이었다. 자상한 어머니는 이런 나를 보며 재치 있게 말씀하셨다.

"구멍이 있으면, 래리는 빠지고 말 거야."

어린 시절의 또 다른 큰 문젯거리는 책을 볼 때 글자와 단어들이 뒤죽박죽 된다는 것이었다. 읽기가 고역이었다. 그러니 잘 쓸 수도 없었다. 아버지가 단어를 또박또박 발음하는 법을 가르쳐주려 했지만, 소용이 없었다. 때문에 학교 성적은 좋지 않았고, 갈수록 엉망이 되었다. 어린 시절에 완전히 기가 죽어 있었던 나는 때로는 자살까지 생각했다.

여러 해가 지나고 나서야 나의 장애를 가리키는 명칭이 있음을 알았다. 대학을 졸업한 후 한 교사와 데이트할 때 알게 된 것이다. 그녀는 특수교육 학위를 받기 위해 공부하고 있었다. 어느 날 오후 그녀를 만나러 학교에 가서 기다리던 중 탁자에서 책 한 권을 집어 들었고, 아무 페이지나 펼쳐서 읽기 시작했다. 어쩌면 아무 페이지라고 할 수 없었는데, 왜냐하면 난독증에 관한 장의 첫 페이지였으니 말이다.

나의 상태를 알아차린 것에 너무나 벅찬 감정이 들어서 어쩔 줄 몰랐다. 내가 좀처럼 하지 않는 행동이지만, 나는 하염없이 눈물을 흘렸다. 그제야 지금껏 내가 실패한 이유를 알게 되었다. 아무도 이해하지 못했던 나의 문제가 밝혀진 것이다. 어릴 적의 고통과 수치가 다시 물밀 듯이 밀려왔다. 이제 와서 뭘 어쩌겠느냐는 생각도 들었지만, 어떻게 보면 그것은 처음부터 어쩔 수 없는 일이었다.

내가 어렸을 때만 해도 난독증이라는 말을 들어본 적이 없었다. 그래서 다들 내가 멍청하거나 게으르다고 여겼다. 당시 나를 가장 걱정한 사람은 어머니였다. 내가 공부 때문에 힘들어할수록 어머니는 더더욱 우울해져 갔다. 어머니는 옆집 골드버그 아주머니 댁에 가서 이렇게 넋두리를 했다.

"래리가 어떻게 될까요? 걔는 아무것도 못해요. 앞으로 어떻게 될까요? 그 아이가 커서 어떻게 먹고살 수 있을까요?"

하지만 아버지는 딴판이었다. 아버지가 나이 들어 일을 그만두고 나면 내가 아버지와 어머니를 부양할 방법을 어떻게든 찾을 것을 기대하고 있다고 넌지시 내비쳤다. 그런 책임감이 나를 무겁게 짓눌렀고, 나는 더욱더 의기소침해졌다.

내 세대의 유대인들은 모두 그래야 한다고 생각했다.

돌이켜보면, 비티Beatie 이모네 식구들이 나에게 큰 영향을 주었다. 이모와 히미Hymie 이모부는 20블록쯤 떨어진 부유한 동네에 살았다. 어머니와 비티 이모는 나이가 엇비슷한 이종사촌들과 나를 함께 놀게 했다. 주말이면 비티 이모네 집에서 지냈는데, 무척 즐거운 시간이었다. 이모는 나를 잘 대해주었다. 이모네 가족은 우리 가족과 문화가 달랐다. '원하는 걸 얻어라. 크게 생각하라.' 이모네 가족과 함께 지내면서 이런 가치들이 내 마음 속으로 흘러들었다.

사실 나에게는 많은 일이 있었지만, 당시에는 이를 알아차리지 못했다. 실패는 내가 창의적이 되도록 북돋웠다. 나는 아닌 척하기 그리고 여러 가능성 상상하기를 좋아했다. 그래서 어린 시절 동안 태연한 척하는 법을 배웠다. 아이들, 특히 단점을 많이 가진 아이들이 그렇듯이 나는 놀이터에서의 생존

전략으로 상상력을 이용했다. 예를 들면 이런 식이다. 한 아이가 "래리야, 저거 봤어?"라고 묻는다고 하자. 그 애가 가리키는 것이 하늘의 비행기든 거리에서 벌어지고 있는 어떤 일이든 간에 나는 그냥 자동으로 고개를 끄덕였다. 물론 일부러 그랬다. 대체로 나는 아무것도 보지 못했다. 하지만 다른 아이들이 다 할 수 있는 것, 즉 보지 못하는 아이가 되고 싶지 않았다.

나는 장애를 통해 적극적으로 상상력을 길러서 그 능력을 효과적으로 (아마도 대처 방법으로) 사용할 수 있음을 알게 되었다. 예를 들어 시사 수업 시간에는 학생들 모두 신문에서 토론 거리를 준비해 와야 했다. 글을 잘 읽지 못했던 나는 그 숙제를 해내지 못했다. 선생님이 나를 호명하면 어쩌나 초조해하고 있던 중에 우연히 앞에 앉은 아이가 비행기를 그리고 있는 걸 보았다. 내 차례가 왔을 때 선생님에게 깜박 잊고 신문 기사를 집에 놔두고 왔다고 말한 뒤에 기억나는 내용을 요약해서 말해도 되겠느냐고 물었다. 선생님은 좋다고 했고, 나는 새로운 발명품, 즉 시속 800킬로미터로 날 수 있는 신형 비행기에 관한 기사를 읽었다고 말했다. 물론 그 이야기는 전부 꾸민 것이었다. 하지만 다른 세 명의 아이도 그런 기사를 읽었다고 맞장구를 쳐주었다. 당연히 나는 진실을 털어놓지 않았다.

나의 연기 인생은 그렇게 시작되었다. 나의 연기는 상당히 설득력이 있었다. 그 경험 덕분에 나 자신을 새롭게 바라보게 되었다. 내가 어떤 사실을 꾸며내면 다른 친구들이 곧이 곧대로 믿는다는 게 아주 흥미로웠다. 선생님도 그대로 믿었다. 사람들은 나의 상상력으로 이득을 보고 있었다. 그때까지 알지 못했던 나의 소명을 발견했다. 언제라도 가능성이 내 앞에 활짝 펼쳐져 있었다.

상상력이 내 인생의 추진제가 되었고, 삶을 끝내도록 몰아가려 했던 깊은 우울감에서 나를 구해냈다. 상상력 덕분에 나는 상황을 헤쳐 나갈 수 있었다. 더 중요한 사실은 남들이 보지 못했던 가능성을 볼 수 있었다. 여기서 '본다'는 말은 단지 시력이 아니라 지적인 전망을 뜻한다.

하지만 중요한 전환점은 고등학교에 다니기 시작했을 때 찾아왔다. 내 성적이 형편없자 학교에서는 나를 실업학교로 전학시킬지 여부를 고려했다. 선생님들이 보기에 나는 대학에 가기 어려운 학생이었다. 우선 그들은 뉴욕주 고교 학업 성취도 시험Regents Exams을 담당하는 외부의 교육 전문가에게 나에 관한 평가를 맡겼다. 사무실로 찾아간 나에게 그 젊고 멋진 전문가는 몇 가지 필기시험을 치르게 했다. 늘 그렇듯이 나는 잘하지 못했다. 하지만 그는 나에게서 뭔가를 간파해냈는지, 갑

자기 태도를 바꿔서 "다른 방식으로 해봅시다"라고 말했다.

그러더니 구술시험 문제를 꺼냈다. 문제 형식은 객관식이었는데, 수학에 관한 문제도 있었다. 오래 전에 나는 머릿속으로 셈하는 방법을 익혔다(지금까지도 그렇게 한다). 내가 있던 곳이 교실이 아니어서인지 압박감이 없었다.

시험을 마치자 그는 몇 분 동안 데이터를 검토한 뒤 어머니에게 들어오라고 말했다.

"아드님의 수학 점수가 꽤 비범한데요. 추상적인 수학 추론 능력이 뛰어납니다."

그 말을 듣고 어머니는 자신의 직관이 옳았다며 기뻐했다. 나는 어머니와 함께 곧장 내가 다니던 고등학교의 교장인 샤피로 선생님을 찾아갔다. 일찍부터 어머니는 학교 성적이 좋지 않은 나에게 교육계의 특별한 관심이 필요하다고 주장해왔다.

"여기 점수가 있어요."

어머니가 교장에게 시험 점수를 보여주며 말했다.

"보다시피 제 아들은 아주 똑똑하답니다."

교장은 시험지를 흘깃 보더니 의자를 뒤로 젖혔다. 우리와 거리를 두기 위해서인 듯했다. 그리고 이렇게 말했다.

"어머님, 가끔은 말을 물가로 데려갈 수는 있습니다. 하지만 말이 물을 마시게 할 순 없지요."

교장은 도움을 줄 마음이 없었다. 고등학교에서 그가 맡아야 할 학생만 1,000명이었다. 아마도 그는 연금을 탈 때까지 10년만 적당히 지내자는 생각이었을 것이다. 그런 교육제도에서 도움을 바란다는 것은 지나친 기대인 듯했다. 교장이 보기에 나는 특별한 관심을 기울일 필요가 없는 학생이었다. 나는 고등학교가 그런 식으로 굴러간다는 걸 알고 있었다. 하지만 내 점수가 특이하게 높음을 알게 되자, 고등학교를 졸업할 수 있다는 자신감이 커졌다. 그렇다고 성공이 보장되지는 않겠지만, 그래도 현실 세계(훨씬 더 어수선한 세계)로 들어가는 문을 열어주긴 할 것이었다.

내가 살던 동네에서 성적이 나쁜 아이들에게는 시시한 범죄자로서의 인생이 기다리고 있었다. 당시 그곳에는 노동조합원과 폭력배가 뒤섞여 있었는데, 내가 보기엔 모두 시건방진 작자들 같았다. 나의 아버지는 공장에서 파업이 일어나지 않게 하려고 노동조합원들을 해고했는데, 아버지에게 그런 조치는 사업상 당연한 일이었다.

나는 자신의 구역에서만 센 척하는 남자들을 많이 알고 있었다. 나도 사소한 범죄에 뛰어든 적이 있다. 열다섯 살 즈음 아버지에게 차를 '빌려서' 신나게 타고 다니다가 원래 있던 자리에 세워두곤 했다. 몇 번 주먹싸움에 휘말려 몇 대 얻어맞기도 했다. 하지만 일찌감치 나는 범죄에 소질이 없음을 깨달았다. 경찰에 쫓겨 도망쳐야 할 경우, 달릴 때마다 벽에 부딪칠 것이고 큰 곤경에 처할 것이기 때문이었다.

그래도 고등학교를 다니는 동안 늘 무언가가 나를 이끈다는 느낌이 들었다. 장애물을 돌아가는 방법을 찾거나, 장애물을 뛰어넘는 방법을 찾는 일은 나를 흥분시켰다. 어떤 학생은 선생님에게 가는 출석부를 걷고 또 다른 학생은 교육위원회에 가는 출석부를 걷는다는 사실을 알게 되었을 때, 내 머리에서 번쩍 불이 켜졌다. 인생의 새로운 가능성이 엿보였기 때문이다. 그때 이후로 학교를 거르고 당구장에 가고 싶을 때면(당연히 나는 당구를 잘 치진 못했지만), 선생님에게 가는 출석부에는 결석이지만, 교육위원회로 가는 출석부에는 출석이라고 표시하기 위해 그것을 가로챘다. 그렇게 하면서 꽤 뿌듯했다.

내가 고등학교를 졸업할 수 있었던 것은 고교 학업 성취도 시험 덕분이었다. 이 객관식 시험 덕분에 나는 학업을 계속할 수 있었다. 예를 들어 나는 생물 점수가 바닥이었다. 선생님은 만약 내가 고교 학업 성취도 시험에서 만점을 받지 않으면 그 과목에서 낙제할 것이라고 알려주었다. 생물을 다시 공부한다는 건 생각만 해도 참을 수 없었기 때문에 나는 교재와 기출문제집을 공부했고, 하루 종일 색인 카드에 예상 문제와 답을 적었다. 내 계획은 통했다. 고교 학업 성취도 시험에서 만점을 받았고 낙제를 면했다. 선생님들은 학교 시험에서는 매우 낮은 점수를 받았던 내가 고교 학업 성취도 시험에서 만점을 받았다는 사실에 당혹감을 감추지 못했다.

나도 그게 궁금했다. 그래서 고교 학업 성취도 시험에서 어떻게 내가 만점을 받을 수 있었는지 그 이유를 생각해보았다. 첫째, 간절함 때문이었다. 나는 절대로 생물 과목에서 낙제하고 싶지 않았다. 때문에 학습장애가 있음에도 불구하고 나름의 방법을 찾아서 공부했다. 기출문제집을 풀어본 것도 매우 중요했다. 그 이유는 일단 게임의 진행 방식을 이해하고 나면, 어떻게 게임을 할지 알 수 있기 때문이다.

각각의 문제에는 다섯 가지 답이 제시되었는데, 대체로 그 중 두 개는 터무니없었다. 일단 그걸 알고 나면 승산이 5 대 1에서 3 대 1로 커진다(1/5=25%, 1/3=33.3%이므로 승산이 커진다고 볼 수 있다). 짐작대로 그게 훨씬 더 나은 승산이다. 기본적인 공부에 그런 대비까지 했으니, 나의 시험 통과 확률은 훨씬 더 높아졌다. 승산 관리하기야말로 내가 시험을 통과하고 고등학교를 졸업한 비결이다. 또한 오늘날까지 나의 투자와 세상살이의 비결이기도 하다.

다행히 나에게는 몇 명의 친구가 있었고, 사람들을 웃기는 재주가 있었다. 하지만 너무 수줍음이 많아서 최고 학년이 되기 전까지는 그 재주를 써먹지 못했다. 지금도 생생하게 기억하는 순간이 있는데, 당시 우리는 한 친구의 집으로 놀러갔다. 도시의 매우 부유한 구역에서 살던 친구였는데, 그 집의 자동차 진입로에는 농구골대가 있었다. 거기서 몇 가지 농담을 했더니 친구들이 웃었다. 나는 기세를 타고 농담을 섞어 이런저런 이야기를 하나씩 해댔다. 친구들은 모두 흥미롭게 내 얘기를 듣고 있었다. 내가 조용히 있을 때는 없었던 청중들이 내 앞에 생겼다.

모두 내 이야기에 홀려 있었다. 그건 대단한 계시였다. 이야기하는 동안 나는 농구공을 들고 있었다. 순간, 나는 들고 있던 공을 머리 뒤로 던졌고, 공은 골대로 휙 들어갔다. 기적이었다. 모두들 깜짝 놀랐는데, 나보다 더 놀란 사람은 없었다. 당시 나는 한계가 있음에도 불구하고 성공할 수 있는 길이 있음을 배워가고 있었다. 내가 해낼 수 있는 방법이 있었다. 맞다, 우리는 모두 어떤 계기로 자신감을 찾을 수 있다. 그러기 위해서는 인생의 게임에 뛰어들어서 계속 시도해야 한다.

- 나는 장애를 통해 적극적으로 상상력을 길렀고, 남들이 보지 못한 가능성을 볼 수 있었다.
- 실패를 통해 우리는 무엇이 통하지 않는지 배울 수 있다.
- 틀림을 가정하는 능력을 키우면 큰 결정을 옳게 내릴 가능성이 훨씬 커진다.
- 당신이 욕망하고 원하는 것을 찾아라. 그런 다음 인생이 달린 것처럼 그 일에 집중하라.

약 57년이 지난 후 나는 고등학교 동창들을 다시 한번 놀라게 만들었다. 제임스 매디슨 고등학교의 내 범죄 현장에 다시 갔을 때였다. 브루클린의 플랫부시Flatbush 구역에 위치한 내 모교는 예전부터 유명한 졸업생들을 배출한 것으로 알려져 있었다. 예를 들어 이런 졸업생들이다. 대법원 판사 루스 베이더 긴즈버그Ruth Bader Ginsberg, 싱어송라이터 캐럴 킹Carol King, 배우 마틴 랜도Martin Landau, 상원의원 척 슈머Chuck Schumer 그리고 대통령 후보 버니 샌더스(같은 학년이었지만 나는 그를 몰랐다) 등이다. 매디슨 고등학교는 '탁월함의 벽Wall of Distinction'이라는 큰 유리장 안에 이 빛나는 졸업생들을 기념하고 있다. 거기에 내가 포함될 줄은 상상도 못했지만, 평생 친구인 하워드 프리드면Howard Freedman이 나서서 나의 투자 성공담과 자선활동에 관한 기사 모음집을 추천서와 함께 학교에 보냈다.

이 영광은 모두 하워드 덕분이다. 정말 감격적인 순간이었다. 분명 어머니가 살아계셨더라면 내가 트레이더로 성공한 경력과 더불어 자선활동에 대한 공로로 2016년에 탁월함의 벽에 포함된 것에 활짝 웃음을 터뜨렸을 것이다(그리고 아마도 눈시울을 붉혔을 것이다).

동창생 아니Arnie는 이 소식을 듣고 반신반의하며 말했다.

"래리 하이트라고? 농담하는 거지? 걸핏하면 벽을 들이박던 애였는데!"

자신의 결점을 알고 실패에 익숙해져라

—

나는 왜 실패를 자랑하고 있을까? 실패가 나의 장점이고 나를 위대한 트레이더로 만들었기 때문이다. 그리고 여러분도 나와 똑같이 할 수 있다. 다시 한번 말하지만, 실패가 나의 장점이다.

사람들은 자신의 실패 가능성을 받아들이려 하지 않는다. 하지만 당신도 나처럼 많이 실패해본 경험이 있다면, 삼진아 웃을 당하게 되는 경우가 있다는 것을 이해할 (그리고 받아들일) 것이다. 이런 사고방식은 트레이딩과 인생에서 완전히 새로운 세계를 열어줄 것이다. 실패한다는 것은 단지 하나의 행동, 하 나의 개별적인 행동일 뿐이다. 실패에 익숙했던 나는 최대한 빨리 그다음 행동으로 쉽게 나아갈 수 있었다. 당신이 누구인 지 무슨 일을 하는지는 상관없다. 오직 당신이 실패할 수 있음 을 알고 실패와 더불어 사는 법을 배운다면, 당신의 실적은 향 상될 수 있다. 나는 번번이, 게다가 끔찍하게 실패했기 때문에 삶의 과정에서 늘 뒤따르는 실패에 익숙해지는 법을 배웠다.

데이트를 예로 들어보자. 지인인 바바라 부시Barbara Bush는 첫 키스를 한 남자와 결혼했다고 말했다. 어쨌거나 그랬다면 그녀는 운이 아주 좋은 것이다. 하지만 대다수의 사람은 자신 의 왕자나 공주를 찾아 결혼하려면 수많은 개구리와 키스를 해봐야 한다. 인생이란 그런 것이다. 몇 번 나쁜 데이트를 했 다고 해서 사랑을 포기해서는 안 된다. 사랑에 성공하려면 사 랑에 실패해봐야 한다. 사랑은 완벽함이 보장된 게임이 아니 라 승산의 게임이다.

사실 어떤 분야든 훌륭한 트레이더나 더 나은 트레이더가 되려면 어느 정도 배짱이 있어야 한다. 수를 살펴보고 자신이 어떤 베팅을 하고 있음을 알아야 한다. 정의에 따르면, 베팅은 당신에게 유리하지 않을 수도 있다는 뜻이다. 베팅은 불확실성 속에서 이루어지는 결정이다. 이길 가능성이 100 대 1로 당신에게 유리해도 여전히 1퍼센트의 불리한 확률이 존재한다. 나는 이것을 검증하기 위해 블랙잭을 수천 번 해보고 나서 이런 교훈을 얻었다. 일단 실패할 (이길 수 없는 때가 있다는) 가능성을 이해하고 나면, 언제 카드를 접고 다음 판으로 넘어가야 하는지 알게 된다. 그러면 당신은 오랫동안 게임판에 눌러앉아 돈을 잃는 판세가 뒤집히기만을 기다리는 사람들보다 더 빨리 판단을 내릴 수 있다.

이 점에 착안하여 내가 내린 정의에 의하면 좋은 베팅은 위험을 감수한 정도의 몇 배를 벌 수 있는 행동이고, 나쁜 베팅은 벌 수 있는 정도보다 더 많이 잃는 행동이다.

자립을 강조하는 많은 지침은 먼저 자기 자신을 바꾸어야 한다고 가르친다. 하지만 내가 생각하기에 이미 지니고 있는 것으로 해내야 한다. 당신은 좋은 것이든 나쁜 것이든 어떤 패를 받았다. 당신이 받은 패로 게임을 하라. 당신의 결점을 배우고 그것을 껴안아라. 왜냐하면 그것이 당신이기 때문이다. 당신은 머리카락 색깔을 바꿀 수 있다. 눈 색깔을 바꾸기 위해

컬러 렌즈를 낄 수도 있다. 하지만 당신이 누구인지, 즉 당신의 DNA를 바꿀 수는 없다. 나는 단지 당신 자신이 누구인지를 알기를 바랄 뿐이다. 정직한 사람이라면 자신의 결점이 무엇인지 생각해보는 데 한 시간 정도는 할애할 수 있다. 그런 사람이 되어라.

실패의 또 다른 혜택을 말하자면, 실패를 통해서 우리는 무엇이 통하지 않는지를 배울 수 있다. 실패했다고 해서 어떤 특정한 행위가 결코 통하지 않는다는 의미가 아니라, 이번에는 통하지 않았다는 뜻이다. 왜 실패했는지 이유를 찾아내면, 당신은 다음 게임이나 다음 패 또는 다음 경기에서 두 단계 앞서 있게 된다.

나의 이러한 사고방식이 지닌 위력은 다음 사례에서 잘 드러난다. 우울증을 앓던 미혼모 J. K. 롤링은 아이들이 잠든 밤, 해리 포터를 쓰기 위해 고군분투했다. 6년의 시간이 걸렸고 여러 번 거절당한 뒤에야 마침내 출간 계약이 성사되었다. 결국 그녀는 모든 시대를 통틀어 가장 많이 팔린 베스트셀러 작가 중 한 명이 되었다. 2008년 하버드대학 졸업식 연설에서 그녀는 이렇게 말했다.

그런데 왜 제가 실패의 혜택을 이야기할까요? 실패란 비본질적인 것을 던져버린다는 의미이기 때문입니다. 나는 내가 아닌 척하는 짓을 그만두고 모든 에너지를 나에게 중요한 일을 완성하는 데 쏟았습니다. 만약 다른 분야에서 성공을 거두었더라면, 진정으로 나에게 어울리는 한 분야에서 성공하기 위한 결의를 다지지 못했을 겁니다. 나는 자유로워졌습니다.

이 연설 후 얼마 지나지 않아 나도 비슷한 주제의 강연을 훨씬 덜 성공적인 학생들에게 했다. 아이비리그를 졸업한 승승장구하는 사람들이 아니라 브루클린의 미드우드Midwood 구역에 있는 에드워드 R. 머로Edward R. Murrow 고등학교 특수학급의 행운이 덜한 아이들을 대상으로 한 강연이었다. 다음은 그들과 나눈 진리이다.

어렸을 때 나는 자살을 생각하던 순간들이 있었습니다. 내가 겪고 있는 일을 알아주는 사람이 아무도 없었거든요. 여러분은 자신을 한심한 존재라고 여길지 모르지만, 결코 그렇지 않아요. 그래도 여러분의 상황이 무척 힘들다는 건 분명합니다.

사람들은 여러분을 어쩔 수 없다고 여기는 경향이 있어요. 내 경우에는 책을 읽기가 아주 힘들었어요. 난독증 때문에 글을 잘 읽을 수가 없었거든요. 하지만 나에겐 상상력이 있었어요. 여러분에게 상상력이 있는지 살펴보지 않아도 됩니다. 상상력은 내면에 그냥 존재하는 것이니까요.

나는 스스로 생각해야 했어요. 그렇지 않으면 쓰레기통에 처박히고 말 운명이었으니까요. 살아남으려면, 나를 망가뜨리지 않을 기회를 잡아야 했어요. 생각해야 한다는 것을 알았지만, 연필과 종이로 할 수는 없었기 때문에 나 스스로 마음을 단련하는 법을 가르쳤어요.

여러분도 마음을 단련할 수 있습니다. 그러려면 먼저 목표를 세워야 해요. 목표가 있으면 인생이 단순해지거든요. 인생을 단순하게 만드는 게 성공을 위한 열쇠입니다.

마음을 단련하는 일은 트레이딩뿐만 아니라 인생의 모든 결정에서 '틀림을 가정하는' 능력을 개발하는 일이었다. 잘못을 가정하는 능력 그리고 틀릴 확률을 판단하기 위한 정신적 근육을 키우면, 큰 결정을 옳게 내릴 가능성이 훨씬 더 커진다. 솔직히 우리는 인간인지라 실수를 저지르기 쉽다. IQ가 매우 높은 사람들이 망가지는 모습을 나는 수도 없이 보았다. 늘 A를 받는 것에 아주 익숙해져 있었기 때문에 자신들이 잘 못하는 걸 알아차리지도, 심지어 상상조차 하지 못했다. 나는 엘리트 교육에 의해 망가지지 않았고, 완벽을 기대하는 관념에 세뇌되지도 않았기 때문에 일찌감치 중요한 사실을 알아차렸다. 가장 우수한 미국 학교에서도 인생에서 가장 중요한 결정을 내리는 법을 가르쳐주지 않는다는 사실을 말이다. 그리고 그런 결정들에는 딱 잘라서 옳거나 틀린 답이란 존재하지 않는다는 것도 깨달았다. 학교가 아이들을 망치는 이유는 그곳에서는 승산에 대해 배우지 못하기 때문이다. 정말 어처구니없지 않은가?

자신이 뭘 필요로 하는지
그리고 뭘 원하는지 알기

—

자기 자신을 알고 나면 무엇을 할 수 있는지, 무엇을 해왔는지, 무엇을 할 능력이 있는지 그리고 무엇이 부족한지 알 수 있다. 하지만 이것은 시작일 뿐이다. 그다음으로 자신이 원하는 것을 알아야 한다. 무엇을 원하는지 알고 난 뒤 다음 한 달,

다음 한 해 그리고 평생을 위한 목표를 정하는 것이 중요하다. 이것이 얼마나 중요한지는 아무리 강조해도 지나치지 않다. 왜냐하면 당신이 얻는 것은 무엇을 목표로 삼느냐에 달렸기 때문이다. 목표를 정하지 않으면 얻을 수 없다.

나는 성공이 필요했다. 성공이 나의 목표였다. 욕구는 엄청나게 강력한 힘이다. 왜냐하면 욕구로부터 욕망과 목표가 세워지기 때문이다. 당신의 욕구를 판단하고 스스로에게 100퍼센트 솔직해져라. 그런 다음에 당신이 상상할 수 있는 범위 내에서 가장 크게 원하는 것을 결정하라.

성공한 사람들은 자신이 무엇을 원하는지 알고, 목표를 추구하기 위한 열정을 공유한다. 나는 젊은이들에게 목표를 적어보라고 말한다. 하지만 이것은 우리 모두에게 중요하다. 인생의 목표를 5~10가지 적은 다음에 서랍에 넣고 몇 주 후에 다시 꺼내보자. 그리고 목표를 정교하게 가다듬고, 범위를 좁힌다. 그런 다음에 우선순위를 정한다. 이제 당신은 나의 시스템이 어떻게 작동하는지 알 준비가 되었다.

하지만 그렇게 하기는 쉽지 않다. 사람은 본성상 목표 세우기를 피한다. 왜냐하면 목표를 세우고 나면 그 목표와 상충하는 욕구들을 억누를 수밖에 없기 때문이다. 목표를 세워 목록에 적고 나면 넷플릭스 시청이나 최신형 아이폰을 만지작거리는 일을 그만두어야 한다.

내가 소개한 이 과정을 당신은 묵묵히 따라야 한다. 그렇지 않으면 실패하게 될 것이다. 부자가 되겠다는 내 목표는 정오까지 늦잠을 자며 일하러 갈 때 정장을 입지 않고 넥타이를 매지 않겠다는 목표와 여러 해 동안 충돌했다. 그리고 내가 정말로 원하지 않으면 아예 일하러 가지 않기도 했다. 결국에는 나의 목표들이 어느 정도까지 충돌하는지 알게 되면, 목표들을 조화시킬 방법을 찾게 된다. 그런 과정은 앞으로 나의 이야기에서 계속 나온다.

일단 목표를 정하고 나면, 그걸 성취할 간절한 마음과 욕구가 있는지 스스로에게 물어보라. 만약 목표를 성취할 간절한 마음과 욕구가 있다면 당신은 행운아다. 그러고 나면 다른 사람들보다 당신의 인생이 훨씬 더 단순해질 것이다. 명확한 목표가 있으면 당신은 장기적인 관점에서 진정으로 원하는 것을 선택할 수 있다. 그런 선택을 할 때마다 당신은 목표에 가까운지 먼지 알게 된다. 당신이 욕망하고 원하는 것을 찾아라. 그런 다음 당신의 인생이 달린 것처럼 그 일에 집중하라. 실제로 당신의 인생은 그것에 달려 있기 때문이다.

처음 투자를 접하게 되었을 때, 투자야말로 내 평생의 일임을 알아차렸다. 투자는 부자가 되는 길을 열어주기 때문이다.

앞서 말했던 것처럼 내 목표는 부자가 되는 것이다. 하지만 투자의 세계는 만만치 않은 영역으로 대단한 사람들이 모여 있는 곳이다. 그러나 시장은 당신이 어디 출신인지, 학습장애가 있는지, 시력이 나쁜지, 흑인인지 백인인지 유대인인지, 말랐는지 뚱뚱한지, 동성애자인지 이성애자인지 상관하지 않는다. 시장은 당신을 판단하지 않는다. 어디서나 들을 수 있는 소리라고? 어쨌거나 시장은 당신을 비난하지 않는다. 그렇기 때문에 위대한 진실을 말하자면, 당신이 부자가 되어도 시장에게 고마워하지 않아도 된다.

내가 투자를 사랑하는 이유는 투자는 진실에 관한 것이기 때문이다. 투자는 내가 나 자신일 수 있는 분야이다. 그리고 결과적으로 만사가 잘 되었다. 나는 부자가 되고 싶었고, 부자가 되었다. 또한 인생도 잘 풀려서 사는 내내 즐거운 일이 많았다.

마음을 단련한다면, 당신도 그렇게 될 수 있다. 나의 논리를 따른다면 아마 당신은 10억 달러를 벌거나(승산이 매우 높지는 않다), 100만 달러를 벌수 있을 것이다(승산이 훨씬 낫긴 하다). 내가 어렵게 배운 교훈과 통찰은 우리 모두 출발점이 될 수 있다.

자신이 좋아하는 게임을 찾아라: 트레이더로서 내가 받은 교육

젊었을 때 나는 나 자신, 장래의 가족 또는 노년기에 접어들면 내가 돌봐주길 기대하는 부모님을 어떻게 부양해야 할지 몰랐다(나중에 나는 아버지에게 말했다. 그런 기대는 아버지가 기존의 지식을 바탕으로 내린 지극히 나쁜 베팅이라고). 고등학교를 졸업했을 때, 나는 대학에 가야 할 이유가 전혀 없었다. 사실, 대학에 가지 않아야 할 정황들이 더 많았다. 대학에서도 잘하지 못할 가능성이 농후했기 때문이다. 하지만 부모님(어머니)이 등을 떠미는 바람에 대학에 가보기로 했다. 한 작은 대학에 들어갔는데, 곧 나와 맞지 않는 학교임을 깨달았다. 그래서 뉴욕시로 돌아와서 대학 수업을 들었다. 처음에는 페이스대학Pace University에서, 그리고 다음에는 더 뉴 스쿨The New School에서 수업을 들었다. 하지만 둘 다 별로였다. 대학 생활이 좋다는 느낌이 들지 않았다. 하지만 부모님을 생각해서 계속 다녔다.

'후회는 없다'라는 칼럼에서

미국 나치당의 수장인 조지 링컨 록웰George Lincoln Rockwell이 뉴욕시에서 시위를 벌였다. 나는 다짐했다. 저런 자가 내가 사는 도시에서 유대인을 몰아내야 한다는 소리를 떠벌리게 놔둘 수 없다고. 당시 나는 열아홉이나 스무 살쯤이었다. 그래서 육군과 해병대에 복무했던 친구 몇 명을 모았다. 우리는 시위 현장으로 가서 근처 식료품점으로 들어갔다. 그리고 주인에게 이렇게 말했다.

"가게 안의 토마토를 몽땅 사면 얼마예요?"

주인은 어리둥절한 눈빛으로 나와 거친 표정의 친구들을 바라보았다. 아마도 가게의 토마토를 전부 사겠다는 사람을 본 적이 없었을 것이다. 주인이 가격을 말했고 나는 그 값에 사겠다고 했다.

그때 거리에는 많은 무리가 록웰 주위에 모여 있었다. 록웰은 높은 단상

위에 떡하니 서 있었다. 그를 둘러싸고 있는 사람들을 보니 절반 이상은 분노해서 뛰쳐나온 유대인들인 것 같았다(뉴욕시는 나치 시위를 벌이기에 적합한 장소가 아니었지만, 아마도 그의 의도는 분노를 촉발시켜 사람들의 주목을 끌자는 속셈인 듯했다). 우리는 그에게 토마토를 던지기 시작했다. 다른 사람들도 따라 했다. 록웰은 토마토를 피하면서 계속 연설했다. 우리는 거칠게 대함으로써 그가 환영을 받지 못한다는 메시지를 전했다.

내가 가방 안의 마지막 토마토를 꺼내려고 할 때 한 아이가 그 토마토를 잡으려고 했다. 알고 보니 그 아이는 유대인이 아닌 폴란드인이었다. 왜 거리에 나와 있는지도 모르면서, 나의 마지막 토마토를 뺏으려 했다. 우리가 잠시 실랑이를 벌이고 있는데, 경찰이 와서 우리 둘과 내 친구 한 명을 붙잡더니 호송차의 뒷자리에 다른 범인들과 함께 집어넣었다. 그들 대부분은 나처럼 토마토를 던진 젊은 유대인들이었는데, 그중에는 제2차 세계대전 때 히틀러와 싸웠던 나이든 사람들도 있었다. 결국 우리는 경찰서로 가서 조사를 받았다. 폴란드 아이 때문에 우리는 소년법원에 보내졌고, 아버지가 변호사를 선임해 빼내주었다.

이 저항은 사소한 행동이었다. 하지만 나치에게 토마토를 던지고, 마지막 토마토를 놓고 어린 폴란드 아이와 옥신각신한 일은 내게 좋은 추억으로 남아 있다. 이에 대해 나는 '후회는 없다'라는 제목의 칼럼으로 써놓았다. 분명 당신에게도 그런 몇몇 순간이 있을 것이다. 인생에서 (현명한) 결정을 해야 할 때 용기를 북돋우기 위해 기억에서 꺼내볼 추억들이 말이다.

내게는 부자가 되겠다는 분명한 목표가 있었지만, 크나큰 장애물이 있었다. 나는 죽어라 일하고 싶지 않았고, 하기 싫은 일은 하고 싶지 않았다. 이런 자세는 부를 축적하기에 분명 문젯거리였다. 마음이 내키지 않을 때면 언제라도 일하러 가지 않을 테니까.

한편으로 나는 살기 위해 돈이 필요했다. 내 친구의 아버지(화가조합 소속의 매우 인맥이 넓은 사람)가 돈을 벌 기회를 우리에게 제안했는데, 나는 그 기회를 덥석 잡았다. 친구 아버지의 설명에 의하면, 부동산 개발업자들은 법 개정 이전에 급히 그리니치 빌리지와 소호의 아파트를 리모델링해서 임대하려고 했다. 새 법이 시행되면 임대료 상한선이 정해지기 때문이었다. 새 법 시행 전에 임대된 아파트는 적용이 면제되어 예전처럼 고액 임대료를 받을 수 있었다. 때문에 부랴부랴 사업을 서둘렀다.

조합 대표는 우리를 큰 아파트 단지로 데려갔는데, 마지막 페인트칠 단계만 빼고 거의 완성된 상태였다. 우리가 할 일은 문틀의 세부 페인트칠을 하는 일이었는데, 먼저 묻어 있는 회반죽을 쇠 수세미로 벗겨내야 했다. 개발업자는 우리에게 한 채당 3달러를 주기로 했다. 하지만 문틀을 두 개 벗겨내고 나니 그 일이 끔찍하게 힘든 일임을 금세 알 수 있었다.

그때 문득 나에게 좋은 방법이 생각났다. 나는 친구에게 바우어리Bowery까지 차로 데려다줄 수 있느냐고 물었다. 당시는 1960년대였고, 노숙자와 부랑자가 그 악명 높은 거리의 모든 문 앞에 서 있거나 길에서 자고 있었다. 그곳을 돌아다니면서 몇 달러 벌고 싶은 사람이 있는지 물었고, 생각이 있으면 그리니치 빌리지의 아파트 단지로 나를 만나러 오라고 말했다. 놀랍게도 몇 사람이 실제로 찾아왔다.

나는 그들에게 한 채당 2달러를 주기로 했고, 긁는 도구를 사주고 기본적인 기술을 알려주었다. 그들은 일할 기회를 얻었다고 고마워했다. 여름이었지만 그나마 더위가 심하지 않은 시기여서 일은 잘 굴러갔다. 내 밑에 속한 일꾼은 한 채당 2달러를 벌었고, 나는 그 절반인 1달러를 벌었다.

9월이 되자, 여름의 뜨거운 열기 속에서 열심히 회반죽을 긁어내고 페인트칠을 한 친구들은 몇백 달러를 벌었다. 하지만 전혀 일을 하지 않은 나는 거의 1,000달러를 벌었다. 일을 하지 않고도 상당한 수익을 올린 이 일을 아직도 생생히 기억하고 있다. 나는 으쓱한 기분이 들었다.

소문이 돌자, 내 재주에 혹한 그 구역의 조합원(사실은 폭력배)들이 다른 일거리를 제안했다. 다시 한번 범죄 인생이 손짓했지만, 나는 결말이 좋지 않을 수 있다는 생각이 강하게 들었다.

그건 그렇고, 연기야말로 당시에 내가 관심이 있던 유일한 일이었다. 자라면서 뭔가를 꾸며내는 일을 아주 잘했기 때문에, 무대에서 다른 사람인 척하는 예술을 감상하는 것을 즐기게 되었다. 앞에서도 말했듯이, 나는 약간 웃기기도 했다. 그래서 오디션을 통해 그리니치 빌리지에 있는 작은 클럽에서 스탠드업 코미디와 즉흥 연기를 하기 시작했다. 연기가 재미있었던 이유는 나에게는 별다른 재능이 없었기 때문이다. 게다가 쇼 비즈니스 세계의 사람들은 돈을 많이 벌었다. 그렇지 않은가? 나는 연기 쪽으로 진출해보고 싶었지만, 다른 전통적인 직종도 여전히 염두에 두고 있었다.

그래서 대학을 졸업하기 위한 노력도 계속했다. 그때 나는 뉴욕대학 비즈니스 스쿨NYU Stern School of Business에 다니고 있었다. 나는 비즈니스에 관심이 없었지만, 입학 담당자는 내가 졸업에 필요한 최소한의 요건인 다섯 과목의 경영 관련 수업을 듣기만 한다면 글쓰기 수업과 연기 수업을 들을 수 있다고 유혹했다. 그래서 그 학교에 들어갔던 것이다. 대학 수업을 듣는 틈틈이 나는 인생 역전을 꿈꾸며 계속해서 오디션을 보았다. 영화는 돈이 되는 분야였고, 나는 파트너와 함께 두 편의 시나리오도 썼다(시나리오 전체를 나 혼자 쓸 수는 없었다). 그리고 우리가 쓴 시나리오가 팔리기도 했다. 하지만 영화로 만들어지지는 못했다.

경영학과 출신이 아닌 트레이더에게 얻은 교훈

- 수익은 당신이 하지 않은 노동에 대해 다른 사람들이 자신의 몫을 떼고 당신에게 지불하는 돈이다.
- 상대방의 행동을 이해하는 열쇠는 동기이다.
- 현금이 부족할 때는 레버리지를 찾아라.
- 모두가 웃고 있을 때 웃지 않는 사람을 주목하라.

두어 번 영화의 단역으로 캐스팅되었을 때 나는 불현듯 현실을 깨달았다. 알고 보니 영화 작업은 꽤 힘들고 지루했다. 한 장면을 찍고 난 후 누군가가 조명이 엉뚱한 곳을 비추었다는 걸 알아내면 그 장면을 몇 번이고 다시 찍어야 했다. 그러고 나면 또 다른 어딘가가 잘못되었고, 그러면 또 다시 찍어야 했다. 비슷한 일이 계속 반복되었다. 아주 골치 아픈 일이었다. 또 즉흥 연기의 자연스러움을 좋아하던 나에게 영화 촬영 과정은 맞지 않았다. 그리고 내가 영화 스타가 되지 못한다면, 연기가 무슨 소용이란 말인가?

이로써 내 연기자 인생은 막을 내렸다. 그쯤에서 나는 손실을 막았지만, 얻은 소득도 분명 있었다. 연기자로 활동하면서 나는 메소드 연기Method Acting를 익혔는데, 내가 살면서 배웠던 최상의 것이었다. 메소드 연기란, 1950년대에 뉴욕시의 액터스 스튜디오Actors Studio에서 리 스트래스버그Lee Strasberg가 유행시킨 연기 스타일이다. 메소드 연기는 배우들이 등장인물 내면의 삶을 정서적으로 탐구하도록 북돋운다. 즉 등장인물의 목표와 그 목표를 달성하기 위해 어떻게 시도하는지를 이해하고 연기하는 방식이다. 본질적으로 메소드 연기는 다른 사람의 동기를 이해하라고 가르친다.

나는 이 기법을 이용해서 투자와 트레이딩에 관한 결정을 내렸다. 왜냐하면 금융시장을 이끄는 것은 인간의 본성(여전히 원시적인 도마뱀 뇌)이기 때문이다. 우리의 갈망, 욕구, 욕심, 두려움, 야망 그리고 창의성이 한데 뒤엉켜 공급, 수요, 추세, 대호황 그리고 폭락을 일으키는 것이다. 이런 점은 과거에도 그랬고, 지금도 그러하며 앞으로도 그럴 것이다.

하지만 당시 나에게 가장 시급한 질문은 이것이었다. 연기자 인생을 채 시작도 하기 전에 끝내버린 마당에 '어떻게 해야 큰돈을 벌 것인가?' 나는 뭔가 다른 것을 찾아야 했지만, 그것이 무엇인지 몰랐다.

그 '무언가'는 어느 날 금융 수업에서 갑자기 나타났다. 교수(아담한 체구에 옷차림이 깔끔하며 유머 감각이 뛰어났던 코네티컷 출신)가

다양한 금융 수단들을 설명하고 있을 때였다. 그는 경제학 교수가 응당 지닐 법한 찬양의 자세로 주식과 채권을 다루었다. 그런 다음 상품선물Commodity Futures로 넘어갔다. 잘 모르는 일반 독자들을 위해 설명하자면, 상품이란 미가공의 농산물, 연료 및 금속 등을 말한다. 이런 상품들은 전 세계에서 거래되며 음식, 에너지, 의복 그리고 다른 수백만 가지 물품들로 변환된다. 당신이 주식을 살 때는 회사의 지분을 실제로 소유한다. 하지만 엄청난 양의 석유, 옥수수, 코코아 또는 설탕을 사서 팔기 전까지 창고에 보관한다는 것은 현실적으로 불가능하다. 때문에 상품 거래자들은 선물 계약을 사고파는 방식으로 시장에 참여한다. 기본적으로 미래의 가격을 놓고 베팅하는 것으로, 그때나 지금이나 많은 사람이 이 일을 매우 위험하다고 여긴다. 자세한 사정을 전혀 모르면서 말이다.

교수의 말에 의하면, 상품선물은 가장 희한한 시장이다. 왜냐하면 매우 큰 레버리지로 거래할 수 있기 때문이다. 즉 빌린 돈으로 거래할 수 있다는 뜻이다. 때로는 총 거래 금액의 5퍼센트만을 걸어도 된다. 그 순간 나의 뇌는 화들짝 깨어났다. 증거금 계정Margin Account(신용거래 계좌)에 겨우 500달러만 있어도 1만 달러의 상품을 거래할 수 있다고? 너무 좋아 보여서 사실이 아닌 것 같았다.

하지만 교수는 그렇게 생각하지 않았다. 그는 상품선물시장을 터무니없이 리스크가 큰 시장으로 보았다. 교수는 어이가 없다는 듯이 이렇게 말했다. "그 사람들은 5퍼센트 증거금으로 거래하는데, 그들 대다수는 그 돈마저 빌린다."

단 한 명만 빼고 교실에 있던 모두가 웃음을 터뜨렸다. 그한 명은 나중에 그 시장에 뛰어들어 억만장자가 되었다. 바로 나였다.

나는 그 이상한 트레이더들이 매우 똑똑해 보였다. 그들은 총 투자 금액의 아주 적은 비율만을 거는 방법으로, 비교적 저렴한 대출로 엄청난 거래를 할 수 있었다. 그것이 뭐가 우습단 것일까? 남의 돈으로 투자할 수 있다는 것은 굉장한 아이디어 같았다. 게다가 증거금 계정에 들어 있는 5퍼센트 예치금은 미국 국채에 고정되어 있다. 그래서 만약 미국 국채에서 3퍼센트를 충당해주면(예치금을 미국 국채 형태로 예치하고 있으면 매일 이자가 붙기 때문에 그 이자를 모아서 전체 5퍼센트 중에서 3퍼센트를 충당한다는 뜻이다), 증거금 계정의 진짜 비용은 5퍼센트가 아니라 사실은 2퍼센트가 된다. 그것은 매우 싼 돈이었다. 더군다나 그런 계시는 복잡한 수학이 아니라 단지 셈하기였다(앞서 말했듯이 이것이야말로 나의 능력이었다). 당신이 유리한 승산을 찾으려 한다면, 나는 셈하기가 매우 중요하다고 말하고 싶다.

내가 보기에 분명 상품선물시장은 엄청난 재력가가 아니어도 뛰어들 수 있었다. 쉽스헤드 출신의 별 볼 것 없는 사람이어도 저렴한 비용으로 돈을 빌려서 거래할 때마다 갚아나가면 되었다. 정말 솔깃했다.

교수는 돈을 단일의 상품에 넣어두는 것과 20개의 포트폴리오로 보유했을 때의 리스크 수준에 차이가 있음을 이해하지 못하고 있었다. 단 하나의 거래에서 5퍼센트 하락하는 일은 일어나기 쉽지만, 20개 모두가 5퍼센트 하락하는 일은 일어날 가능성이 낮다.

나는 상품선물에 대해 배울 수 있는 것이면 무엇이든 배우기 시작했다. 당시 대다수 사람은 이 거래가 위험할 정도로 변동성이 크다고 여겼다. 여러 해가 지난 후 나는 스스로 해본 시험과 데이터 분석을 통해 시간이 갈수록 상품선물이 주식보다 리스크가 작다는 것을 알게 되었다. 하지만 분명 상품선물은 특정한 유형의 변동성에 취약해서 일부 사람들에게 두려움을 일으키긴 한다.

한 가지 예를 들어보자. 농산물 상품은 날씨에 큰 영향을 받는다. 늦봄에 진눈깨비가 많이 내리면 한 철의 작황이 나빠져서 작물의 가격이 급등할 수 있다. 여기에 지정학적 요인들까지 함께 고려해보자. 원자재는 전 세계에 걸쳐서 채굴되기 때문에 전쟁, 폭력 사태, 세금, 운송 문제 그리고 정부 지원금 등의 요인으로 인해 가격이 오르거나 내릴 수 있다. 트레이더는 이런 가격 변화를 짐작하여 돈을 번다. 만약 가격이 오를 거라고 여긴다면 롱Long 포지션을 취한다. 즉 낮은 가격에 사서 높은 가격에 판다. 만약 가격이 떨어질 거라고 예측되면 쇼트Short 포지션을 취한다. 즉 현재 상품을 어느 정도의 양만큼 빌린 다음에 나중에 되갚는 것이다. 그때 상품의 가격이 낮으면 빌릴 때의 가격과 되갚을 때 가격 차액을 수익으로 거둘 수 있다. 앞에서도 말했듯이 여기서 매력적인 요소는 레버리지로 이 거래를 할 수 있다는 것이다.

《햄릿》에서 폴로니우스는 아들에게 이렇게 말했다.

"돈을 빌리지도 빌려주지도 마라".

셰익스피어는 천재였을지 모르지만, 내 생각에 이 말은 나쁜 조언이다. 사업하는 사람은 돈을 빌려야 한다. 그래야만 돈이 생기고, 그것을 레버리지로 이용하여 수익을 얻을 수 있기 때문이다. 사실 레버리지라는 단어가 특히 트레이딩 분야에서 사람들에게 겁을 준다는 걸 나도 이해하고 있다. 왜냐하면 손실을 보게 될 경우, 마진콜Margin Call(추가증거금 납부 요구)이라는 무서운 단어가 당신이 가진 모든 걸 빼앗아갈 수 있기 때문이다.

하지만 당신이 하고 싶은 방식대로 게임을 할 수 있고, 감당할 수 있는 선까지만 리스크를 제한할 수 있다면 어떨까? 그리고 한두 종목에 전액을 거는 대신에 20개의 종목으로 분산해 리스크를 최소화한다면 어떨까? 이 경우 20개 종목이 전부 한꺼번에 하락할 가능성은 얼마일까? 매우 낮다. 그리고 가격이 하락하기 시작하면 재빨리 손실을 막아서 감당할 수 있는 수준보다 더 큰 리스크를 감수하지 않게 되면 어떨까? 결국에는 이런 생각들이 내게 수백만 달러를 벌어준 투자 원칙의 토대가 되었다. 하지만 당시 나는 게임을 이해해나가는 단계였다.

대학 때 시장에 관해 터득한 핵심적인 통찰이 하나 더 있다. 언젠가 나는 한 친구와 학기말 리포트를 파는 사업을 했다. 훌륭한 학기말 리포트를 두어 가지 입수한 다음 시작 문장들과 마무리 문장들을 손보고 내용을 이리저리 뒤섞었다. 나와 같은 수업을 듣는 다른 학생들을 살펴보니, 똑같은 교수에게 배웠는데도 똑같은 리포트에 대해서 어떤 학생은 높은 점수를 받았고 어떤 학생은 낮은 점수를 받았다. 왜 점수에 차이가 생긴 것일까? 내가 내린 결론에 의하면 교수들은 리포트를 꼼꼼하게 읽지 않았고, 교수와 학생의 관계 때문이었다. 이를 계기로 나는 '성적' 시장을 삐딱한 시선으로 바라보게 되었다. 그것은 효율적인 시장이 아니었다. 곧 나는 효율적인 시장이란 존재하지 않으며, 인간이 탐욕과 두려움의 줄다리기 속에서 게임을 하는 한 앞으로도 결코 존재하지 않을 것임을 알게 되었다(이 책의 뒷부분에서 효율적 시장의 신화에 대해 더 자세히 이야기할 것이다).

◆ ◆ ◆

시장과 트레이딩에 대한 계시를 얻으면서 나는 목표를 찾았다. 이 거친 시장에서 활약하는 트레이더가 되고 싶었다. 하지만 게임에 뛰어들 방법을 몰랐다. 그래서 (그럭저럭 다니다 보니 결국 6년 만에) 대학을 졸업한 후, 돈을 벌기 위해 음악 매니저 일자리를 찾았다. 밴드를 관리하고 록 클럽 입장료 수입의 일정 비율을 내 몫으로 받았다.

1964년 어느 날 밤, 내가 일하던 이스트 빌리지의 한 록 클럽에서 비틀스의 매니저인 브라이언 엡스타인Brian Epstein을 만났다. 나는 엡스타인을 좋아했고, 그를 결코 잊지 않을 것이다. 우리는 공통점이 많았다. 그는 가게를 운영하는 아버지 밑에서 자란 노동계급의 유대인이었다. 엡스타인이 비틀스에 베팅한 까닭은 비틀스 매니저 일을 하면 파산할 리 없다고 생각했기 때문이다. 그 밴드는 이미 리버풀과 영국 음악계를 장악

했는데, 만약 세계적으로 흥행하게 되면 자신도 크게 성공할 가능성이 높다고 보았다.

가장 좋은 건, 만약 일이 뜻대로 되지 않더라도 그에게는 대비책이 있었다(누구든 늘 대비책이 필요하다). 그의 아버지는 고향에서 잘나가는 레코드 가게를 운영하고 있었고, 그는 언제든 돌아가서 일할 수 있었다. 물론 그의 베팅은 큰 수익을 냈지만, 안타깝게도 그리 오래 가지 못했다. 직업상의 리스크는 꽤 잘 관리했을지 모르지만, 마약과 알코올에 빠지는 바람에 사적인 리스크가 너무 컸다. 1967년, 그는 서른두 살의 나이에 마약 과다 투여로 숨진 채 발견되었다.

그의 죽음에 나는 무척이나 마음이 아팠다. 이 사건에서 분명하게 알 수 있듯이, 우리는 현명하게 리스크를 관리해야 한다. 인생에서 이토록 큰 리스크를 초래하는 짓은 결코 현명하지 않다.

나의 록 밴드 매니저 일도 오래 가지 못했다. 어느 주말에 내가 일하던 클럽에서 세 건의 총기 사고가 났고, 그 결과 내가 가장 좋아하던 뮤지션이 그만두었다. 큰 손실이었다. 이를 계기로 음악 분야 일은 내가 감당할 수 없을 정도로 리스크가 너무 크다는 걸 깨달았다. 이렇게 된 김에 이제야말로 트레이딩이라는 나의 꿈을 추구할 적기라고 판단했다. 앞서 말했듯이 시작할 방법은 몰랐지만 바로 그때야말로 내가 그 분야에 신중하게 발을 들여놓아야 할 시기라고 보았다.

1968년, 에드워즈&핸리Edwards & Hanley라는 증권회사에 입사하면서 첫 걸음을 내디뎠다. 주식 주문을 접수하는 직원으로 고용되었지만(나는 그 일에 아주 서툴렀다), 사장의 차를 세차하는 일까지 맡아서 하게 되었다. 하지만 내가 거래에 능하다고 판단한 회사는 나를 증권 중개인으로 승진시켜주었다. 결과적으로 그들의 판단이 옳았다. 나는 주식 거래에 소질이 있었다. 하지만 그 회사에서 일하는 것이 마음에 들지 않았다. 에드워즈&핸리의 사람들은 나보다 학벌도 좋고 고상한 증권 중개인들이었다. 이렇게 말하면 가혹하게 들릴지 모르겠지만, 그곳에서는 고객들에게 걸핏하면 미래의 수익을 과대평가하고, 나쁜 점은 숨기고, 간단한 수학을 얼렁뚱땅 얼버무렸다.

그곳이 나와 맞지 않음을 깨닫게 된 사건이 있었다. 한 고객과 상담하면서 '좋은 베팅'이라는 용어를 처음 사용했을 때의 일이었다. 상사가 상기된 얼굴로 나에게 발끈하던 모습이 지금도 잊히지 않는다. 그는 이렇게 내뱉었다.

"우리는 베팅을 하지 않네. 여기는 카지노가 아니라고!"

나는 연기 재능을 발휘해서 그의 말을 알아들은 척했다. 하지만 퇴근 후 집에 가서 곰곰이 생각해보았다. 왜냐하면 그의 설명을 들어도 내 의심이 사그라들지 않았기 때문이다. 문득 블루칩Blue Chip이라는 용어가 몬테카를로 카지노에서 가장 비싼 칩이 파란색이었다는 데서 나왔다는 사실이 떠올랐다. 주식시장에서 블루칩은 가장 비싼 주식을 의미하며, 대형주로서 안전하게 투자할 수 있는 주식을 말한다. 때문에 주식시장 게임은 도박이며, 도박은 승산이 관건이라는 내 짐작이 옳다고 생각했다. 나의 상사가 틀렸다고 생각한 나는 진짜 질문을 나 스스로에게 던졌다.

"어떻게 승산을 내게 유리하게 만들어 게임에서 이길까?"

나는 에드워즈&핸리에서 주식을 거래해 1년에 4만~5만 달러를 벌게 되었다. 하지만 종종 빈약한 결과를 숨겨주는 역할을 할 때가 있는 월스트리트의 신비주의에 동참하고 싶지 않았다. 그리고 고객이나 상사를 두고 싶지 않았고, 매매하는 일이 정말 싫었다. 대신에 나는 연구에 에너지를 온전히 쏟고 싶었다. 사람들의 욕구와 욕망에 의해 영향을 받는 정치적 결정(내가 아는 한 기본적으로 비합리적인 결정)을 내리지 않으면서 내 투자 방식을 연구하고 시험하는 일에 몰두하고 싶었다.

얼마 후 나는 꾸준히 돈을 벌고 있던 잭 보이드Jack Boyd라는 트레이더를 만났다. 당시 상품 트레이더들은 개별 시장에서 선물을 거래했다. 설탕을 거래하는 트레이더들은 밀가루를 거래하는 트레이더들과 어울리지 않았다. 잭은 내가 알기로 여러 종류의 시장에서 거래하는 유일한 인물이었는데, 그 점이 마음에 들었다. 그래서 일을 하게 해달라고 요청했고, 그는 나에게 연봉 2만 달러를 주겠다고 했다. 아버지는 내 얘기를 듣고 가장 한심한 결정이라고 여겼다. 하지만 나는 개의치 않았다. 젊을 때는 부모님과 함께 살 수도 있고 룸메이트와 살 수도 있다. 가고 싶은 방향으로 가기만 한다면, 가야 할 곳으로 가기만 한다면 뭐든 상관없었다.

승산을 살피기

—

나는 뒤퐁 증권사에서 잭 보이드 밑에서 일하면서 완전히 새로운 과정을 배우기 시작했다. 그는 특별히 과학적이지 않았지만 흥미로운 방법을 사용했다. 무언가가 움직이면 그 방향으로 따라갔다. 올바른 방향으로 가지 않으면 빠져나왔다. 그는 자신을 추세추종자라고 말하지는 않았지만, 추세추종의 핵심 규칙을 실천하고 있었다. 손실 종목을 버리고 수익 종목을 따라가고 있었던 것이다.

시장에서 가격이 떨어지기 시작하면 뒤돌아보지 않고 바로 빠져나왔다. 어떤 종목이 오르고 있으면 묻고 따지지도 않고 사들였다. 그리고 여러 종목에 분산 투자하는 방식으로 위험을 관리했다. 또한 전형적인 방식을 버리고 여러 시장에서 거래했다. 내가 살펴보니 그는 1년에 약 20퍼센트의 수익을 냈다. 잃는 경우도 있었지만, 손실액은 적었다. 수익 종목의 수는 적었지만, 큰 수익을 냈다. 때로는 한두 종목의 거래가 연간 수익의 대다수를 차지하기도 했다. 내 머릿속에 전깃불이 켜졌다!

그때부터 나는 잭 보이드가 하는 방식을 조금 더 과학적이고 정밀한 방식으로 만들고 싶었다. 이쪽 세계에서 내가 가장 믿는 것 중 하나는 과학적 방법, 즉 내가 세운 가정을 검증하는 것이다. 나는 식탁에 앉아서 차트를 펼쳤다. 내 아이디어를 검증하고 그 결과를 이용하여 특정 시장에 언제 진입하고 언제 빠져나올지 알 수 있는지에 대해 수학적으로 증명된 규칙을 개발하고 싶었다.

나는 표준적인 수학을 몰랐기 때문에 연구하기에 단순한 모형을 찾았다. 그리고 마침내 1962년도에 출간된 유명한 책인 에드워드 소프Edward O. Thorp의 《딜러를 이겨라Beat the Dealer》를 찾았다. (트레이더로 변신한 수학 교수인) 소프는 수천 가지의 블랙잭 시나리오를 분석하여 누구라도 기초 확률 지식을 이용해 이길 승률을 높일 수 있는 카드 게임 체계를 고안해냈다. 그는

MIT에서 1년 동안 집채만 한 컴퓨터를 이용하여 그 시나리오를 실행했다.

나는 컴퓨터를 사용하거나 컴퓨터에 데이터를 입력할 재주가 없었다. 난독증이 있는 나로서는 할 수 없는 일들이었다. 하지만 나는 카드 게임과 확률에 대한 소프의 연구에서 영감을 얻었다. 우리 가족은 카드 게임을 즐겼기 때문에 집에는 언제나 카드 한 벌이 있었다. 어머니와 아버지는 친척들이나 친구들을 불러와서 카드 게임을 하곤 했다. 덕분에 나는 컴퓨터를 다루지는 못해도 카드와 셈하기에는 익숙했다.

당시 나는 20대 후반이었고 계절은 여름이었다. 모두들 해변으로 가고 있었지만, 나는 휴양지로 떠나지 않았다. 대신 전문 체스 선수처럼 눌러앉아 수천 번 게임을 했다. 여름 내내 여유 시간이 날 때마다 라스베이거스 솔리테어Solitaire 게임을 했다. 내가 했던 이 게임은 카드를 한 번에 세 장씩 뒤집는 방식이 아닌 한 장씩 카드를 뒤집는 방식이었다. 이런 식으로 확률을 연구하여 알아낸 사실은 어떤 상황에서는 질 수 있다는 것이었다. 너무 뻔한 말처럼 들리겠지만, 조금만 참고 더 들어주길 바란다. 모든 카드를 (한 번에 세 장씩이 아니라) 일일이 볼 수 있는 이점이 있음에도 지는 경우가 생길 수 있었다. 심지어 규칙을 어겨서 이길 수 있는 가능성을 높인 경우에도 여전히 지는 경우가 생겼다. 덕분에 나는 절실하게 깨달았다. 스스로 검증해본 결과, 아무리 옳게 하더라도 때로 지는 경우를 피할 수 없었다. 그러니 질 위험이 있다고 언제나 가정해야 하는 것이다. 나는 그 문제를 붙들고 씨름하기 시작했다. 어떻게 하면 그런 불가피한 상황에 대비할 수 있을까?

아주 짧은 목록

- 당신에게 유리한 승산을 찾으려면 셈하기가 중요하다.
- 지는 위험을 언제나 가정해야 한다.
- 베팅에서 당신이 확실하게 통제할 수 있는 것은 베팅의 승산과 부담할 리스크다.

4가지 베팅

—

대다수 사람은 베팅에는 좋은 베팅과 나쁜 베팅 두 종류가 있다고 여긴다. 나의 초창기 경험과 연구를 통해서 나는 실제로 베팅에는 4가지 종류가 있음을 알게 되었다. 바로 좋은 베팅,

나쁜 베팅, 이기는 베팅 그리고 지는 베팅이다.

대다수 사람은 일반적으로 나쁜 베팅을 하면 지고, 좋은 베팅을 하면 이긴다고 가정한다. 하지만 이것은 틀린 말이다. 좋은 베팅과 나쁜 베팅은 승산을 가리킬 뿐이다. 반면에 이기는 베팅과 지는 베팅은 결과를 가리킨다. 당신은 결과를 완벽하게 통제할 수 없다. 하지만 두 가지는 확실히 통제할 수 있다. 바로 베팅의 승산과 부담할 리스크다.

실력이 비등비등한 두 스포츠 팀이 서로 맞붙는다고 가정해보자. 당신에게 친구가 어느 팀이 이길지에 1달러를 베팅하자고 한다. 만약 당신이 수락한다면, 이 베팅에서 당신이 이길 승산은 50 대 50이다. 이 베팅 방식에 의하면 잠재적인 수익은 2달러이고 위험은 1달러가 된다고 하자. 이만하면 좋은 베팅이다. 그 이유는 100퍼센트의 수익을 기대할 수 있고, 잃어봐야 고작 1달러이기 때문이다. 1달러면 잃어도 감당할 수 있지 않은가? 그러면 20달러를 벌기 위해 10달러의 위험을 감수할 수 있을까? 이 정도도 괜찮다.

그런데 50 대 50의 승산에 100만 달러를 건다면 어떨까? 대다수 사람은 아주 큰돈을 거는 일은 나쁜 베팅이어서 위험을 감수할 가치가 없다고 생각한다. 그러나 제프 베조스의 경우 1,500억 달러 자산가이기 때문에 100만 달러의 리스크는 감수할 수 있다. 이런 식으로 우리는 베팅과 승산에 관해 생각해야 한다.

그런데 만약 내가 바닥에 널빤지를 놓고 당신에게 그걸 건너가면 100만 달러를 주겠다고 한다면 어떨까? 믿을 수 없을 정도로 좋은 내기다. 하지만 그 널빤지를 바람 부는 날에 맨해튼의 두 건물 사이 50층 높이에 걸쳐 놓는다면 어떨까? 더 이상 말할 필요가 있을까?

당신이 계속 좋은 베팅을 한다면, 시간이 흐름에 따라 평균의 법칙이 당신에게 유리하게 작용할 것이다. 하지만 그래도 때로는 질 수 있다는 사실을 결코 잊어서는 안 된다. 이게 바로 예측이 통하지 않는 불확실한 세계에서의 확률 법칙이다. 이런 사실을 미리 안다면, 당신은 손실을 감당할 수 있는 것에만 베팅할 준비가 되어 있는 것이다.

주의해야 할 것이 있는데, 일어날 수 있는 최악의 상황은 당신이 나쁜 베팅을 했는데도 운이 좋아서 크게 이기는 경우다. 예를 들어보자. 휴대폰에 빠진 당신은 주변의 모든 것을 무시하고 길을 걸어가고 있다. 이것은 나쁜 베팅이다. 나이가 들어 눈이 침침한 운전자가 당신을 칠 수 있다. 하지만 웬걸? 당신은 운이 좋아서 말짱하다. 그런데 사실은 전혀 다행이 아니다. 왜냐하면 아무 일 없이 넘어가는 바람에 당신은 위험에

둔감해졌기 때문이다. 그다음에는 어떻게 될까? 무모하게 걷는 습관 때문에 결국 버스에 치이고 말 것이다. 만약 나쁜 베팅을 계속한다면, 시간이 흐름에 따라 평균의 법칙이 당신에게 불리하게 작용할 것이다.

학교에서는 결코 배운 적이 없는 이런 확률 지식이야말로 당신에게 유용한 경험칙이다. 또한 인생의 모든 영역에 적용할 수 있는 간단하면서도 강력한 개념이다. 왜 그럴까? 우리는 매일 시간, 돈, 에너지 그리고 사랑을 놓고 베팅하기 때문이다. 만약 당신의 시간과 에너지를 누군가에게 준다면, 행복하고 생산적인 관계를 보상으로 받게 될 승산은 얼마나 될까? 당신은 얼마만큼의 시간과 에너지를 잃어도 괜찮은가? 인생의 여러 단계마다 답은 달라질 것이다.

이 책의 '들어가는 글'에서 나는 게임에 뛰어들라고 말했다. 그리고 1장에서는 자기 자신을 알라고 말했다. 이번 장에서는 당신에게 이렇게 권한다. 당신이 하고 싶은 게임을 찾아라. 그리고 당신이 좋아하는 것을 선택하라. 왜냐하면 그것이야말로 성공하기에 좋은 베팅이기 때문이다. 그 이유는 무엇일까? 재미가 있으면 힘든 줄 모르기 때문이다. 그리고 좋아서 하는 일은 사실 일이 아니다. 다행히 나는 트레이딩이라는 좋아하

는 일을 찾았다. 잠을 자는 동안에도 돈을 버는 방법을 알아
낸 나는 무척 즐거웠다. 너무 좋았기 때문에 줄곧 그 길을 걸
어왔다.

승산 알아내기:
투자 기간과 투자 기회

1970년대 중반, 나는 잭 보이드의 회사에서 나와 헨츠Hentz라는 회사로 옮겼다. 하지만 잘 맞지 않아서 독립하기로 했다. 작은 펀드를 모집하기 시작했고, 5만 달러에서 10만 달러 규모의 투자자들을 확보했다. 이렇게 모은 자금으로 거래를 시작했는데, 성과가 매우 좋았다. 그리고 소소한 성공 기록을 쌓게 되었다.

하지만 다음 단계로 넘어가기는 벅찬 도전이었다. 나는 유명하지도 않았고 큰 연줄도 없었기 때문에 관리할 돈을 많이 확보하기 어려웠다. 사람들의 돈을 두 배로 늘릴 수 있음을 증명한 것으로는 충분하지 않았다. 그리고 내가 선물이라는 단어를 꺼내면 사람들은 미치광이만이 그런 짓을 한다고 생각했다. 나는 여러 종목에 분산해서 투자하고 있었는데, 사람들은 그게 리스크가 훨씬 크다고 생각했다. 분산 투자가 한 종목에 투자하는 것보다 수학적으로 덜 위험하다고 아무리 설명해도 소용없었다.

그래서 고객들을 끌어들일 작전을 짰다. 그러던 어느 날 우연히 나는 한 지역 증권회사에서 12쪽짜리 소책자를 보게 되었다. 옵션Options 거래에서 세금의 의미를 다룬 내용이었다. 그때 나는 파이어 아일랜드Fire Island에 있었고, 친구들을 떠나 부두에 혼자 앉아서 3시간 동안 그 책을 읽으며 이해하려고 애썼다. 시간이 많이 걸린 이유는 난독증 때문만이 아니라 법률에 관련된 내용 때문이었다. 법률 용어마다 일일이 의미를 확인해야 했다.

그 책을 다 읽고 난 후 나는 투자자들이 세금을 신고할 때 경상소득을 장기 자본이득으로 전환하여 큰돈을 절약할 수 있도록 파트너십을 맺을 수 있을 것이라고 생각했다. 당시 미국인의 최고 소득세율은 70퍼센트였는데, 자본이득에 대한 세율은 훨씬 낮았다. 경우마다 다르긴 했지만 4 대 1까지 차이가 났다. 즉 나의 펀드에 1달러를 투자하는 사람은 결과적으로 4달러의 수익을 얻는 셈이었다. 게다가 자본손실을 경상손실로 바꾸는 방법도 알게 되었는데, 그렇게 하면 세금을 공제받기가 더 좋았다. 이 모든 일은 완전히 합법적이었고, 대형 금융회사들은 이미 그렇게 하고 있었다.

나는 이 내용을 변호사인 사이먼 레빈에게 보여주었다(우리는 농담으로, 내가 아주 뛰어난 세금 전문 변호사라고 말한다). 내용을 살펴보더니 가능하다고 확인해주었다. 이어서 실제로 그 일을 진행하기 위한 법적인 조치를 해주었다. 정말이지 사이먼과 함께 일할 때는 1 더하기 1은 3이 된다.

내 회사의 중대한 전환점은 그렇게 찾아왔다. 이 독특한 제안에 솔깃해진 투자자들이 내게 돈을·맡겼다. 그리고 곧 우리는 500만 달러를, 그다음에는 1,000만 달러를 관리하게 되었다. 그리고 다른 회사들도 우리를 따라 하려고 안달이었다.

1970년대 초, 삼겹살Pork Belly(베이컨을 만드는 돼지고기 부위)이 대량으로 거래되었다. 이 시장은 시작된 지 그리 오래되지 않았다. 10년 전 육류 가공회사가 삼겹살을 압착시켜서 4만 파운드짜리 거대한 얼린 고기 덩어리(웬만한 집보다 큰)를 만드는 놀라운 기술을 내놓은 이후부터다. 양돈 사업은 언제나 변동성이 컸다. 하지만 이제는 표준화된 냉동 처리가 가능해지면서 육류 포장회사들은 제품을 장기간 보관하여 공급을 잘 조절함으로써 공급 과잉이나 부족에 대비할 수 있게 되었다.

잘 모르는 젊은 독자들을 위해 덧붙이자면 '삼겹살'이라는 용어는 에디 머피Eddie Murphy와 댄 에크로이드Dan Aykroyd가 출연한 영화《대역전Trading Places》에 나오면서 유명해졌다. 또한 대중문화의 다른 영역에서 상품선물시장이 어떻게 작동하는지를 알려주는 대표적인 예로서도 널리 알려졌다.

'삼겹살' 거래를 시작한 지 얼마 지나지 않아 어떤 추세가 내 눈에 들어왔다. 가을에 사고 7월에 팔면 돈을 벌었다. 어떤 전문가도 왜 그런지 그 이유를 몰랐다. 육류 가공업에 관한 책과 연구 자료를 읽어 보니 다음과 같은 이유 때문이었다. 미국인들은 석쇠에 베이컨을 많이 구워 먹고, BLT 샌드위치(BLT는 Bacon(베이컨), Lettuce(상추), Tomato(토마토)의 약자)를 많이 찾는 여름 동안에 베이컨을 많이 소비했다. 그래서 여름에 수요가 증가했던 것이다. 하지만 여름에는 공급이 감소했는데, 그 이유는 뜨거운 기차 화물칸에 실려 운송되는 과정에서 다른 계절보다 더 많은 돼지가 폐사했기 때문이었다.

앞에서 말했듯이 나는 시장에게 이래라저래라 요구하지 않는다. 대신에 시장이 내게 알려주는 바를 살필 뿐이다. 어쨌든 나는 모든 확인 작업을 마치고 거래 아이디어를 실행할 준비가 되었다.

그런데 문제는 나에게 돈이 별로 없었다. 그래서 OPM^{Other People's Money}, 즉 다른 사람의 돈을 사용해 투자할 방법을 택했다. 나는 사람들에게 투자할 것을 요청했다. 알다시피 대다수 사람은 투자할 방법을 알아낼 시간이나 전문지식이 없다. 따라서 당신이 철저한 준비를 통해 수익을 낼 체계적인 투자 아이디어를 갖고 있다면, 사람들이 당신에게 돈을 맡기도록 설득하여 초기 투자 자금을 확보할 수 있다. 많은 사람이 금융시장에 진출하거나 사업을 시작할 때 그런 식으로 한다. 예를 들어 당신이 첫 식당을 개업하려고 하는데 100명에게 도와달라고 부탁한다고 해보자. 75명은 거절했고, 25명이 당신의 부탁에 응했다. 그리고 몇십 년 후 당신은 전국에 식당을 열었다. 만약 당신이 사람들에게 초기 투자금을 도와달라고 요청할 배짱이 없었다면 이런 일은 일어나지 않을 것이다.

이런 식으로 나도 처음으로 큰 거래를 했다. 가족과 친구들에게 나의 삼겹살 선물 거래에 투자해달라고 부탁했다. 그렇게 10만 달러를 모았다. 나는 선불로 10퍼센트를 냈고, 실적에 대해 투자자들에게 20퍼센트를 받았다. 결론적으로 나는 투자금의 10퍼센트만 내고 30퍼센트의 수익을 거둘 수 있는 것이었다. 내 계획은 통했다. 우리 돈은 두 배 이상 불어났는데, 10만 달러가 25만 달러가 되었으니 당시로서는 큰돈이었다.

이런 거래를 쉽게 할 수 있었던 까닭은 내가 틀릴 수 있음을 인정했기 때문이다. 다른 한편으로는 그 거래의 속도가 매우 마음에 들었다. 마치 메르세데스 벤츠의 엔진을 포드 차에 장착해서 레이싱 경주에 나선 것 같았다.

◆ ◆ ◆

하지만 무슨 이유에서인지 돈을 많이 벌었는데도 큰 기쁨을 느끼지 못했다. 사실 매우 두려웠다. 나는 평생 장애 때문에 제약을 받았다. 하지만 모두의 예상을 깨고 큰돈을 벌었다. 그런데 앞으로 실패할 경우 핑계를 댈 구실이 없었다. 이것이 내 문제의 핵심이었다. 내 안팎에서 기대가 상승하는 것을 느낄 수 있었다. 심지어 당시 내 여자 친구는 이제 결혼할 만큼 돈이 많다면서 나를 몰아붙이기 시작했다(하지만 나는 결혼할 마음이 없었다).

나는 성공에 준비가 되어 있지 않았다. 큰 자유를 갖는 것이 두려웠다. 무엇이든 할 수 있다는 것이 큰 압박이 되었다. 이제 실수를 하면 무엇을 탓할 수 있단 말인가? 어떤 선택을 했는데 그게 마음에 들지 않으면 어떻게 하지? 이제부터는 스스로 행복을 만들어나가야 한다. 돈을 버는 것은 그리 어렵지 않지만, 행복은? 그건 전혀 다른 이야기다. 나는 준비가 되어 있지 않았다.

내 상태가 이렇다 보니 나는 자꾸 빗나갔고, 번 것을 몽땅 잃고 말았다. 그 무렵 옥수수 선물을 거래하는 동료가 큰 거래 계획을 들고 나를 찾아왔다. 그는 실패할 리 없다고 나를 꼬드겼다. 그는 옥수수에 관한 정보에 밝아서 그 분야에서 최고 전문가처럼 보였다. 나는 동료의 판단을 믿고 함께 거래에 뛰어들었다. 하지만 그의 판단은 틀렸고, 나는 감당할 수 있는 수준보다 훨씬 더 큰 리스크를 떠안았다.

사실 이론적으로는 옳은 거래였다. 단지 비가 많이 와서 작황이 나빠지는 바람에 옥수수 가격이 기록적으로 하락하고 만 것이었다. 반면에 가뭄으로 큰 타격을 입은 옥수수 경작지들도 있었다.

나는 두려움에 사로잡혀 옥수수 선물이 곤두박질치는 것을 지켜보았다. 시간이 갈수록 내 돈이 눈앞에서 사라져갔다. 큰 레버리지를 이용한 막대한 금액의 선물 거래였기 때문에 내가 가진 돈보다 더 많은 돈이 투입되어 있었다. 손실이 너무 크다면 나는 결코 회복할 수 없을지도 몰랐다.

너무 절망적인 나머지 사무실을 나와서 계단으로 갔다. 유대인은 무릎을 꿇지 않지만, 나는 무릎을 꿇고 기도했다. "하느님, 제발 저를 빚쟁이로 만들지 말아주세요. 돈을 벌지 않아도 괜찮으니, 본전만이라도 찾게 해주세요"라고 애원했다.

그때 스위스 출신의 사내들 한 무리가 계단으로 내려오다가 유행에 뒤떨어진 정장 차림의 젊은 남자가 무릎을 꿇고 기도하는 모습을 보고 깜짝 놀랐다. 내 모습은 정말 꼴 사나웠을 것이다.

"선생님, 좀 도와드릴까요?" 그들 중 한 명이 물었다.

나는 고개를 푹 숙인 채 말했다. "고맙지만, 괜찮아요."

그러고는 다시 사무실로 돌아와 나의 운명과 마주했다.

이후로 옥수수 가격은 꽤 회복했고, 덕분에 본전은 건질 수 있었다. 어떻게 된 건지 어리둥절했다. 아마도 하느님이 나의 기도에 응답하셨거나, 순전히 요행이었는지도 모른다. 뭐든 어떠랴.

그 거래로 나는 큰 교훈을 얻었다. 나는 스스로 조사하지 않고 동료의 말을 맹목적으로 믿었다. 하지만 더 중요한 것은 리스크에 대해 엄청나게 중요한 교훈을 얻었다. 나는 감당할 수 있는 정도보다 훨씬 더 크게 베팅했음을 깨달았다. 나는 (많은 사람이 그러듯이) 좋은 쪽만 바라보았을 뿐, 최악의 시나리오를 고려하지 않았다. 다시는 그러지 않겠다고 스스로에게 다짐했다. 앞서 말했듯이 첫 번째 교훈은 게임에 뛰어들라는 것이다. 복권을 사지 않으면 당첨될 수 없다. 두 번째 교훈도 마찬가지로 중요하다. 판돈을 모두 잃으면 더는 판에 낄 수 없다.

아주 짧은 목록

- 첫 번째 교훈: 게임에 뛰어들어라.
- 두 번째 교훈(마찬가지로 중요함): 모든 판돈을 걸지 마라. 왜냐하면 판돈을 잃게 되면 더는 판에 낄 수 없기 때문이다.

바보는 과감하게 뛰어든다

—

옥수수 거래에서 대실패를 맛본 후, 나는 다시는 무릎을 꿇고 싶지 않았다. 그리고 리스크를 중요하게 생각해야 한다는 것을 뼈저리게 배웠다. 관건은 기도가 아니라 산수였다. 왜냐하면 성공적인 거래는 전부 승산에서 결정되는 것이 분명했기 때문이었다. 나는 이길 가능성을 계산한 다음 다양한 투자 전략으로 승산들을 시험하여 시장을 이길 방법을 알아내고 싶었다. 내 목표는 확률에 바탕을 둔 모형을 세우는 것이었다.

나는 내게 더욱 유리한 승률을 만들어줄 천사를 찾고 있었다. 그러던 중 게임 이론이라는 새로운 분야에 눈뜨게 되었다. 간단히 말해서 그 이론은 전략적인 의사결정에 대한 연구다. 게임 이론은 수학 모형을 이용하여 정해진 규칙 내에서 게임 참가자들이 벌이는 상호작용을 예측한다. 그 이론은 모든 참가자가 합리적이며 자신들의 이익에 따라 행동한다고 가정한다. 게임 이론은 장군들이 전투를 계획하던 고대로부터 다양한 형태로 존재해왔다. 하지만 그 이론이 공식화된 것은 1944년, 수학자 존 폰 노이만과 경제학자 오스카 모르겐슈테른이 함께 〈게임 이론과 경제 행동Theory of Games and Economic Behavior〉이라는 논문을 발표하면서다. 그 이후 학자들과 사업가들은 게임 이론을 온갖 분야에 적용했다. 철학, 심리학, 정치, 자동차 보험, 결혼, 진화생물학, 군비경쟁 그리고 포커 게임에도 적용했다.

1970년대 초, 나는 뉴욕대학 과학 도서관으로 가서 게임 이론을 다룬 책들을 닥치는 대로 읽었다. 그에 대한 논문을 써서 나에 대한 명성과 신뢰를 높이는 것이 목표였다. 내가 찾은 책 대다수는 상형문자처럼 보이는 고급 수학으로 가득 차 있었다. 그래서 책 내용을 요약해놓은 서문에 의지해야 했다. 그것만으로도 내가 알고 싶은 내용은 충분했다. 즉 좋은 결정을 내리려면 자신이 어디에 있으며, 어떤 선택을 했는지 알아야 한다는 것이었다.

나는 수학자가 아니었기 때문에 내 생각을 확인해줄 수 있는 사람을 찾아야 했다. 사실 투자 분야에 몸담은 이후로 내 생각을 실행시켜줄 수 있는 수치에 밝은 사람들과 컴퓨터 전문가들이 필요했다. 하지만 당시 나는 돈이 없었기 때문에 외상으로 장래에 받을 지분을 약속할 수밖에 없었다.

그러던 중 1972년에 스티브를 만났다. 그는 터프츠대학을 막 졸업한 금융시장 분석가였다. 나와 스티브는 〈게임 이론 응용Game Theory Applications〉이라는 논문을 써서 〈커머디티 저널 Commodity Journal〉에 실었다. 이 분야에서는 대단한 업적이었다. 왜냐하면 게임 이론이 선물 거래에 어떻게 적용될 수 있는지를 보여주는 연구 결과는 발표된 적이 없었기 때문이다. 이것이 바로 우리가 해낸 일이다.

우리는 논문 서두에 알베르트 아인슈타인을 인용했다. 그는 특수상대성 이론이 추측보다는 '물리 이론을 관찰 가능한 사실에 맞추려 소망'에 바탕을 두고 있다고 썼다. 여기서 핵심은 '관찰 가능한 사실'이었다. 이 접근법을 이용하여 확률을 알아내고 싶었다. 우리는 논문에서 이렇게 설명했다.

우리는 한 사건으로 인해 생기는 관찰 가능한 사실들의 집합 또는 한 가지 단일 사실을 살펴볼 것이다. 그런 관찰 가능한 사실들이 발생하는 총 횟수를 구한 다음에, 그런 사실들이 해당 사건으로 인해 발생하는 횟수를 총 횟수로 나눈다. 그렇게 해서 확률이 얻어진다.

달리 말해서 시장이 특정한 사실의 조건하에서 특정한 방식으로 행동한다고 가정한 후 1,000번 정도의 시험을 거쳐 승산을 알아냈다.

다음으로 우리는 게임에는 항상 규칙이 존재한다고 생각했다. 규칙은 언젠가 누군가에게 이득이 되며, 활용 가능한 유일한 대안을 결정해준다. 예를 들어 포커 게임에서 카드를 버리고 나면, 참가자는 그 카드를 다시 볼 수 없다. 이것이 규칙이다. 그러므로 손에 쥐고 있던 카드들을 순서대로 잘 기억해두어야 한다.

또 다른 예를 들어보자. 사람마다 첫 번째로 나서거나, 두 번째 아니면 마지막 등 제각각 나서는 순서가 다르다. 이런 각각의 입장에는 나름의 장단점이 있다. 사람들은 잘 모르지만, 규칙을 잘 활용하기로는 프로 운동선수가 단연 으뜸이다. 그들은 규칙을 잘 숙지하고 있으며 경쟁적인 경기 내내 유리한 상황을 끌어내기 위해 규칙을 최대한 이용한다. 스티브와 나역시 프로 운동선수 같은 사고방식을 갖고 있었다.

우리의 논문에는 선택할 수 있는 수(手)들을 다루었다. 게임 이론에 의하면 게임 참가자에게는 세 가지 대안이 있다. 받기 Call, 받고 추가하기Raise 그리고 접기Fold이다. 당신이 대안들을 잘 살펴보았다고 가정할 때, 이 대안별로 이길 승산은 얼마일까?

우리 논문의 요지는 이렇다. (1) 관찰 가능한 사실 (2) 게임의 규칙 그리고 (3) 사용할 수 있는 세 가지 대안(받기, 받고 추가하기 그리고 접기)을 고려하면, 언제 베팅할지 그리고 베팅할지의 여부를 판단할 수 있다. 그리고 여기에서는 시간도 중요한 수단이다.

투자 기간의 중요성은 다음 사례에서 잘 드러난다. 당신이 블랙잭을 하고 있는데, 손에 든 카드의 합이 17이다. 이기려면 4가 필요하지만, 4는 이미 두 장이 나왔다. 그렇다면 나머지 두 장의 4 중에서 하나가 당신에게 들어올 확률은 얼마나 될까? 꽤 낮다. 예를 들어 가능성이 20분의 1이라고 하자. 즉 일어날 수는 있지만, 좋은 베팅이 아니다. 따라서 이때는 베팅을 하면 안 된다. 승산이 유리한, 더 나은 상황이 될 때를 기다려야 한다. 이것이 바로 다음 베팅의 타이밍을 통제한다는 의미이다. 그래야 당신에게 유리하게 베팅할 수 있다.

카지노 포커의 경우, 무슨 일이 생기는지 보려면 먼저 판돈을 걸어야 한다. 하지만 상품선물 거래자는 그러지 않아도 된다. 왜냐하면 무슨 일이 생기는지 보기 위해 시장에 미리 뛰어들지 않아도 되기 때문이다. 대신에 가격에 대한 최상의 확률을 볼 때까지 지켜보았다가 진입 순간을 선택하면 된다.

6개월 동안 주식이나 상품 가격이 올랐는가? 어떤 특정 상품의 30일 평균 가격이 상승 추세여서 따라가야 한다고 생각되는 문턱값에 도달했는가? 만약 그렇지 않으면 기다려야 한다. 그러다가 문턱을 지나면, 오직 그때가 되어야 추세에 따라 매수에 나서야 한다.

다음번에 당신이 베팅을 해야 할 상황에서 결정을 고민하고 있다면, 잠시 멈추고 스스로에게 이렇게 물어보자. "관찰 가능한 사실이 무엇인가?"

타이밍 이해하기는 인생에서도 놀라운 역할을 한다. 이 사람과 결혼해야 할까? 이 집을 사야 하나? 이 직업을 선택해야 하나? 은퇴해야 하나? 이 모두 중요한 베팅의 순간이다. 시간에 대해 재량권이 있으면, 당신에게 매우 유리하다. 그러면 성공하기에 가장 좋은 타이밍에 베팅할 수 있다.

큰 수익에 베팅하기

———

이제 손실 대비하기와 리스크 관리하기야말로 중요한 규칙임을 분명히 알게 되었기를 바란다. 하지만 중요한 것이 또 있다. 큰 위험 없이 큰 수익이 나는 거래를 찾아야 한다는 것이다(우리는 이 경우를 비대칭적 상황이라고 부른다). 앞서 말했듯이 늘 벌기는 하지만 버는 정도가 너무 소액이라면, 제대로 번다고 할 수 없다.

이유는 이렇다. 늘 소소한 게임을 하는 것은 안전하지 않다. 만약 작은 수익만 챙긴다면, 앞으로 생기게 될 수많은 작은 손실에 대비하지 못하게 된다. 사실 나는 돈을 왕창 번다. 게임이 작동하는 방식을 잘 모르는 일반 사람은 언제나 꾸준히 작은 돈을 벌려고 한다. 그게 더 안전해 보이기 때문이다.

문제는 생각처럼 그다지 안전하지 않다는 것이다. 왜냐하면 돈이 많지 않다면, 당신은 필연적으로 찾아올 손실을 겪어야 하기 때문이다. 나쁜 베팅이든 갑작스러운 건강 문제든 다른 어떤 이유에서든 말이다. 예를 들어 암에 걸렸는데 투여만 하면 반드시 낫는 약이 25만 달러라면 어떻게 될까? 만약 그런 돈이 없다면, 당신은 결코 안전하게 투자에 임하지 못한다.

큰돈을 벌려면 잠재적으로 큰 수익을 내는 것에 베팅해야 한다. 그렇게 장기적으로 하면, 결국에는 승산이 당신에게 유리해지고 시간이 지나면서 크게 벌게 된다. 그렇기 때문에 초대박 기회에 베팅할 순간을 언제나 노리고 있어야 한다. 매일 오지는 않지만, 오기만 하면 반드시 뛰어들어야 한다. 앞서 말한 투자 기회란 바로 이런 뜻이다. 즉 인생을 송두리째 바꿀 정도로 큰 수익을 얻을 가능성이 있는 때를 말한다.

1970년대 중반, 나는는 커피시장에서 그런 큰 기회를 찾았다. 당시 커피 가격은 매우 낮았다. 공급 과잉이어서 농부들은 허덕이고 있었다. 나는 50년 동안의 기후 패턴과 수요/공급 데이터를 조사했다. 그리고 커피 수요는 오랫동안 증가해왔는데 가격은 그에 따라 오르지 않았음을 알게 되었다. 커피 가격이 오를 것을 확신한 나는 커피에 대한 콜 옵션을 매수했다.

수익 규모가 아니라 세계에서 가장 사랑받는 음료 가격이 반등할 가능성에만 초점을 맞추었다.

승산이 매우 좋았기 때문에 나는 1년 동안 100만 달러를 투자하기로 했다. 그래서 한 번에 25만 달러씩 옵션을 매수했는데, 이는 트레이딩으로 내가 두 달마다 버는 금액이었다. 당시로서는 큰 투자였기 때문에 나 스스로에게 그 돈을 잃을 준비가 되어 있는지 물었다. 답은 '그렇다'였다. 거래가 잘못되었을 때 손실을 감당할 준비는 되어 있었고, 나는 철저한 조사를 통해 추세가 한 방향으로 향한다는 것을 확인해두었다. 그래서 확률상 그 베팅은 큰 수익이 가능했다.

베팅의 두 가지 종류, 즉 좋은 베팅과 나쁜 베팅이 있다. 좋은 베팅은 당신이 감당할 위험보다 더 많은 돈을 벌 확률이 높은 베팅이다. 나쁜 베팅은 작거나 제한된 수익에 비해 잃을 위험이 큰 베팅이다. 트레이더라면 좋은 베팅을 해야 한다.

당시(1975년 초) 커피는 60센트에 거래되고 있었다. 1년 후에는 1달러까지 올랐다. 다시 1년 후에는 2달러까지 올랐다. 친구들은 내게 전화를 해서는 "멋진데! 돈을 꽤 벌었겠네. 600만 달러로 늘어났으니, 이제 현금화하라고"라고 말했다. 하지만 나는 "아냐. 추세가 여전히 상승세야"라고 대답했다.

거래소에서 일하는 서른두 살의 한 남자는 컴퓨터를 쳐다

보며 스트레스를 감당할 수가 없었다. 하지만 나는 60센트가 3.10달러까지 오르는 추세를 따라갔고, 초기 투자금 50만 달러는 1,500만 달러가 되었다. 추세가 반전해서 내려가자, 나는 그 시장에서 빠져나와 1,200만 달러를 챙겼다. 정말로 의기양양하던 때였다. 서른다섯 살의 나이에 1,200만 달러가 수중에 있었으니까. 내 집안 사람 중 어느 누구도 1,200만 달러를 벌지는 못했다. 내 인생을 송두리째 바꾼 성취였다.

하지만 내 안에서 이런 목소리가 들려오고 있었다. '이렇게 잘될 리가 없어.' 정서적으로 나는 승자가 될 준비가 되어 있지 않았다. 어떤 사람들은 성공을 갈망하는 만큼 충분히 얻지 못한다. 하지만 그런 큰 수익을 얻었을 때 나는 스스로에게 물었다. 일 년에 50만 달러로 1,200만 달러를 버는 일이 다시는 불가능하지 않을까? 다시 그렇게 될 확률은 얼마나 될까? 왜 그렇게 되었는지 알아내는 대신에 나는 스스로에게 이렇게 말했다. "이봐, 너는 운이 좋았어."

일리가 있었다. 철학적으로 말해서 나는 운이 좋았다.

참상을 겪는 나라에서 탈출한 피난민에게는 행운이 결정적인 역할을 한다. 집에 폭탄이 터져서 잿더미가 된 나라의 사람에게는 꿈을 품는 것조차 어렵다. 최근에 캄보디아에 다녀

왔는데, 폴포트가 300만 명을 학살했던 킬링필드에 가보았다. 그리고 보면 미국의 중하층 가정에서 태어난 사람도 확률적으로 봤을 때 행운아라고 말할 수 있다.

생각해보니 나는 처음부터 복권에 당첨된 셈이며, 그 후에는 더 크게 도약하여 커피 선물 거래 덕분에 대저택에 살게 되었으니, 행운도 보통 행운이 아니었다. 그래서 두어 해 정도 약간 숨고르기를 했다. 나는 가족을 위해 근사한 집을 한 채 샀다. 트레이딩도 보통 하던 대로만 했는데, 꽤 만족스러웠다. 그 정도만으로도 충분히 생활할 수 있었다.

돌이켜보면 커피는 내게 무언가를 가르쳐주었다. 나는 그것을 내 아이들 그리고 다음 세대의 아이들에게도 알려주고 싶다. 현명한 방식으로 큰 게임을 한다면 크게 벌 수 있다. 많은 돈을 벌 수 있는 게임에 참가하려는 사람은 그것을 받아들여야 한다. 나는 기꺼이 돈을 잃기로 했고, 50만 달러를 베팅할 준비가 되어 있었다. 50만 달러로 300만 내지 400만 달러를 벌 수 있을 것이라고 짐작했지만 훨씬 더 많이 벌었다. 스스로 그 사실을 온전히 받아들이는 데 시간이 좀 걸렸다. 하지만 분명 우리는 짐작했던 것보다 인생에서 더 많은 것을 얻기도 한다.

- 늘 소소한 게임만 하는 것은 안전하지 못하다.

- 중대한 수를 둘 때마다 스스로에게 물어라. "어떻게 벌 수 있을까?", "얼마나 잃을 수 있을까?"

- 큰 게임에 올바르게 베팅하면 인생에서 막대한 수익이 가능하다.

데이트의 승산 높이기

—

승산과 게임에 대해 가르치는 오늘날의 데이트 책들이 나오기 한참 전에 나는 투자 전략을 데이트에 적용했다. 투자와 마찬가지로, 여기서도 게임에 뛰어들지 않으면 이길 수 없다. 나의 문제점은 데이트를 할 때 사람들이 맨 처음 보는 것이 대체로 외모라는 사실이었다. 나는 미남이 아니다. 그건 단순한 사실이었다. 그래서 파티나 술집 같은 사교 장소는 내가 매력만점인 여성을 상대로 성공하기에 부적절했다. 그래서 나는 게임을 다르게 펼칠 아이디어를 짜냈다. 적어도 맨 처음에 호감을 얻을 수 있도록 내 장점을 부각시키려는 계획이었다.

첫 단계로 나는 쇼핑몰에 갔다. 남자보다 여자가 훨씬 더 많은 곳이기 때문이다. 그리고 조금 지루해 보이거나 혼자 점심을 먹으러 나온 매력적인 여성에게 계속 눈길을 준다. 그리고 잠시 후 그녀에게 가서 커피 한 잔 하겠느냐고 묻는다. 그곳은 트인 곳이어서 안전했고, 내가 아주 터무니없는 제안을 한 것도 아니었다. 네 명 중 한 명은 좋다고 했다.

그리고 같이 커피를 마신다. 나는 상대방에게 관심을 보일 뿐 나 자신에 대한 이야기는 좀처럼 하지 않는다. 분위기가 좋으면 다음 단계로 넘어가서 저녁을 같이 먹자고 제안한다. 세 명 중 한 명만이 좋다고 했다. 저녁 식사에서 분위기가 좋으면 사귀기 시작한다. 이 방법을 사용하면서 나는 커피를 많이 마셨고 멋진 여자들도 많이 사귀었다. 데이트 상대를 잘못 찾거나, 데이트 자체를 못 하는 사람이 있다면 나처럼 승산을 자신에게 유리하게 만드는 방법이 언제나 통할 것이다.

하지만 내 아내 시빌Sybil은 쇼핑몰에서 만나지 않았다. 어느 해 여름 파이어 아일랜드에서 친구들과 함께 지낼 때 만났다. 그녀는 내 룸메이트의 손님들 중 한 명이었는데, 처음 만났을 때 우리는 밤새도록 이야기를 나누었다. 첫 번째 데이트에서 우리는 저녁 시간 내내 함께 웃었다. 잘 웃는 편인 그녀는 내가 재미있다고 말했다. 우리 사이는 계속 좋았다. 둘 다 아이를 원하게 되자 우리는 결혼했고 소중한 두 딸이 생겼다. 아내는 사회주의자 집안 출신으로 아주 반듯한 영국 여자였다. 아내와 장모님은 사회복지 일을 했다. 나와 아내는 서로 많이 달랐다. 하지만 나는 우리 둘 다 사회복지 관련 일을 하고 있는데, 다만 스펙트럼의 다른 끝단에 있을 뿐이라고 말하곤 했다.

"나는 매우 드문 사람들, 부자를 돕는 반면에 당신은 좀 더 흔한 사람들, 가난한 사람들을 돕는다는 차이밖에 없어."

우리는 서로에게 다른 세계관에 눈뜨게 해주었다. 아내가 2008년에 세상을 떠날 때까지 32년 동안 우리는 아주 행복한 결혼 생활을 했다. 다음 장에서 나는 트레이딩에 관한 나의 접근법이 사랑과 결혼에도 어떻게 통하는지 소개할 것이다. 지금으로선 내가 시빌에게 베팅한 것은 매우 훌륭했다는 말로 만족하겠다.

◆ ◆ ◆

나의 원칙에 들어 있는 기본적인 통찰에서 가치를 깨닫기 바란다. 나의 원칙은 추세추종을 바탕으로 한다. 내 성향에 맞는 방법이다. 나는 스트레스 받는 것을 싫어한다. 나에게 추세추종은 단순하며 실제로 통한다. 그 덕분에 나는 많은 돈을 벌었다.

추세추종은 나의 장점들과도 맞닿아 있어서, 그것을 하나의 긍정적인 체계로 바꿀 수 있었다. 그 결과 내게 통하는 참신한 방법을 바탕으로 나만의 투자 방법을 고안해냈다. 이 책에서 나는 개인적인 경험을 바탕으로 한 많은 사례를 들려주고 있다. 나의 인생에서 일어난 일들을 잘 알고 있기 때문에 모든 일은 입증 가능하다. 내가 산 증인이다.

승리에 관한 문외한의 조언

어느 날 나는 경마라면 '질 리가 없을' 듯한 사람과 경마장에 갔다. 그의 아버지는 뉴욕주 새러토가Saratoga의 거물급 인사였다. 나도 구경만 하긴 심심해서 베팅을 시작했다. 나는 표를 보고 승산이 가장 높아 수익을 가장 많이 낼 것 같은 말들을 모두 골라서 소액으로 돈을 나누어 걸었다. 어떤 말들인지 신경 쓰지 않았고(나는 경주마에는 문외한이다), 베팅의 결과에는 관심을 두지 않았다. 하루가 저물 때쯤 말 그대로 나는 꽤 큰돈을 챙겼다. 말, 경주 트랙 및 여러 상황을 나보다 백 배나 더 잘 아는 친구보다 훨씬 더 많이 벌었다. 아예 지식이 없는 것이 나한테 유리하게 작용했다. 나의 이 경험을 승리에 관한 문외한의 조언으로 삼기 바란다. 나는 분산해서 베팅했고, 설령 전부 잃더라도 망할 정도는 아닌 소액을 걸었다. 그리고 나는 게임에서 살아남았다.

하지만 내가 성공한 이유가 무엇인지 가끔씩 궁금해지곤 했다. 한참 세월이 흐른 후 나는 영국에서 동료들과 함께 테이블에 앉아 있었다. 내가 만든 민트 원금 보장 펀드Mint Guaranteed Ltd. Fund로 우리 모두 큰돈을 번 이후였다. 동료들은 보통 케임브리지와 옥스퍼드를 졸업한 엘리트들이었는데, 나는 테이블을 돌아다니며 "아버지보다 얼마나 더 똑똑한가요?"라고 물었다. 다들 아버지보다 똑똑하지 않거나 훨씬 더 똑똑하지는 않다고 말했다. 나는 "그렇다면 어째서 우리는 아버지보다 열 배나 더 많은 돈을 벌었을까요?"라고 다시 물었다. 그리고 그에 대한 답을 말해주었다. 우리가 아버지의 유전자를 뛰어넘은 이유는 총명함 때문이 아니라, 위험을 최소화하면서 큰 상승 추세에서 올바르게 베팅했기 때문이라고 말이다. 중요한 점은 기술과 규칙이다. 때문에 올바르게 베팅하면 인생에서 막대한 수익이 가능하다.

당신은 우선순위를 정한 후 그것들을 성취하기 위해 베팅할지, 아니면 주변 상황들에 끌려 다니는 삶을 살지를 선택할 수 있다. 하지만 사용할 수 있는 모든 수단을 동원하여 승산이 유리한 것에 베팅해야 한다.

타이밍도 중요하다. 타이밍을 잘 살펴서 전략적으로 베팅해야 한다. 그리고 베팅의 규모도 큰 역할을 한다. 중대한 수를 두려고 할 때마다 스스로에게 물어라. "얼마나 벌 수 있을까?" 왜냐하면 수익이 그만한 가치가 있어야 하기 때문이다. 그렇지 않은가? 그리고 "얼마나 잃을 수 있을까?"라고 물어라. 왜냐하면 누구도 피클 한 통을 얻기 위해 가게 전체를 베팅하지는 않기 때문이다.

추세추종:
손실은 막고 수익은 늘려라

영국 태생의 데이비드 리카도(1772~1823)는 개인적으로 나의 영웅이자 위대한 고전 경제학자이다. 그는 나뿐만 아니라 전 세계에 엄청난 영향을 끼쳤다. 그의 인생 역정을 잠시 들여다 보면 그 이유가 충분히 이해된다.

리카도는 가톨릭 교회에 의해 포르투갈에서 쫓겨나서 네덜란드에 정착한 세파르디Sephardi(스페인 · 북아프리카계의 유대인) 출신이다. 네덜란드 태생인 그의 아버지 아브라함은 가족을 데리고 런던으로 이주하여(리카도는 후에 그곳에서 태어난다), 런던 증권거래소에서 성공한 증권거래업자이자 런던의 유대인 공동체 지도자가 되었다. 리카도는 10대 때 아버지 곁에서 증권 거래를 배우기 시작했다. 하지만 독립적인 사상가였던 리카도는 아버지의 전통적인 방식을 그대로 따라 하려고만 하지 않았다. 스물한 살 때 리카도는 퀘이커교도인 프리실라 앤 윌킨슨과 야반도주를 해서 결혼했다. 이 젊은 부부는 개종하여 유니태리언(삼위일체 교리를 거부하고 예수 그리스도의 신성을 부인하는 기독교 교파)교도가 되었다.

가족과 절연한 그는 땡전 한 푼 없이 자립해야 했다. 그래도 평판이 좋았던 덕분에 저명한 은행가의 도움으로 시장에서 사업을 시작할 수 있었다. 리카도는 수완이 좋았고, 사업은 아주 잘되었다. 하지만 그의 열정은 학문의 세계에 있었다. 그래서 경제학과 수학을 공부했고, 30대 후반에는 자유무역(그는 자유무역의 확고한 수호자)과 임금, 통화, 노동 이론, 정치경제학 그리고 수확체감의 법칙 등에 관한 견해를 발표했다. 존 스튜어트 밀, 애덤 스미스, 로버트 맬서스와 더불어 그는 현대 경제 이론을 창조하는 데 일조했으며, 다음 세대에게 큰 영향을 끼쳤다.

당시 그의 명성은 단 한 번의 베팅으로 크게 치솟았다. 이에 비하면 평생 동안의 트레이딩과 투자는 리허설에 지나지 않았다. 1815년 리카도는 나폴레옹 전쟁의 결과에 베팅하여 영국 국채를 최저가로 샀다(사전 지식을 갖고 투자했다는 소문이 있었지만, 사실인지는 분명하지 않다). 웰링턴 대공이 벨기에 워털루에서 나폴레옹을 무찔렀다는 소식이 들려오자, 영국 국채 가격은 급등했다. 거의 하룻밤 만에 리카도는 유럽 최대의 갑부 중 한 명이 되었다. 오늘날 기준으로 8,000만 파운드(약 1,250억 원)에 해당하는 자산가의 반열에 올랐다.

리카도가 타계한 후, 영국의 한 신문 편집자인 제임스 그랜트James Grant는 그의 성공 비결을 이렇게 설명했다.

리카도는 자칭 세 가지 황금 규칙을 철저하게 지킨 덕분에 엄청난 부를 축적했다. 그는 그 세 가지 규칙을 지키는 것이 얼마나 소중한지를 가까운 친구들에게 역설하곤 했다. 그 규칙은 다음과 같다.

첫째, 얻을 수 있는 선택권을 거부하지 마라.

둘째, 손실을 막아라.

셋째, 수익을 따라가라.

리카도가 말한 손실을 막는다는 뜻은 이렇다. 누군가가 주식을 매수했을 때, 만약 가격이 떨어지고 있으면 즉시 매도해야 한다는 것이다.

그리고 수익을 따라가라는 말은 누군가가 주식을 소유하고 있을 때 가격이 상승하고 있으면 최고가에 도달한 다음 다시 떨어지기 시작하기 전까지는 매도하지 말아야 한다는 것이다.

지금까지 나는 트레이딩과 인생에 대한 내 접근법의 세 가지 주춧돌을 소개했다. '게임에 뛰어들어라. 모든 판돈을 잃으면 더 이상 베팅할 수 없다. 승산을 알고 향상시켜라.'

하지만 네 번째가 가장 중요하다. 그게 바로 리카도의 규칙이자, 내가 이 책의 제목으로 삼은 것이다. 간단히 말하면 이렇다. '손실은 막고 수익은 따라가라.' 어떤 것이 잘되고 있지 않으면 멈춰야 한다. 어떤 것이 잘되고 있으면 계속해야 한다. 이 규칙이야말로 나의 트레이딩에 대한 추세추종 전략의 핵심이다. 나는 이 규칙을 거의 매일 말한다.

컨트리 음악을 좋아하는 사람이라면 전설적인 노래 〈더 갬블러The Gambler〉의 다음 가사를 알 것이다. '언제 붙들고 있을지, 언제 접어야 할지를 알아야 해.'

추세추종의 원리는 이렇다. 상승 추세를 포착하려면, 현재의 가격이 과거의 가격에 비해 어떤지를 살펴야 한다. 예를 들어 현재 어떤 상품이나 주식의 가격이 이전 40일 내지 50일

동안의 가격보다 높으면, 더 많은 사람이 가격이 더 오를 것이라고 여겨 이 추세를 따라가기 위해 상품이나 주식을 매수한다. 내릴 때는 언제일까? 나는 얼마를 잃어도 괜찮은지 스스로에게 물어본다. 만약 답이 2퍼센트라면, 가격이 2퍼센트만큼 하락하는 즉시 그 종목을 나의 포트폴리오에서 제외시킨다. 이것이 내가 감수할 수 있는 리스크다. 다시 말해서 손실은 빨리 막고 수익 종목을 계속 따라가라. 그러면 당신은 돈을 벌 것이다.

통계 규칙
—

분명히 밝히는데, 추세추종은 내가 고안한 것은 아니다. 리카도 이전과 이후에도 추세추종자들이 있었다. 예를 들어 리처드 던키안Richard Donchian은 현대 추세추종의 아버지라고 불린다. 그는 예일대학과 MIT를 졸업한 트레이더로서, 상품 가격이 종종 어떤 추세로 움직인다는 사실을 알아차렸다. 즉 어떤 종목이 오르거나 내렸으면, 적어도 얼마 동안 그 방향으로 계속 향할 가능성이 있음을 간파했다. 1960년대에 그는 〈커머디티 트렌드 타임Commodity Trend Time〉이라는 주간 뉴스레터를 쓰기 시작했는데, 여기서 '4주 규칙' 전략을 발표했다. 그는 4주간 신고가에 도달한 종목을 샀고, 4주간 신저가에 도달한 종목을 팔았다.

이와 같은 추세추종은 새로운 방법은 아니다. 줄곧 있었다. 하지만 나와 동료들은 처음으로 데이터를 바탕으로 체계적인 방법을 고안하고 검증함으로써 추세추종을 자동화했다. 즉 우리는 과학적 방법을 사용하여 그것이 효과적임을 입증해냈다. 우리는 시대를 잘 만나기도 했다. 1970년대에 성능이 더 좋은 컴퓨터가 이전보다 저렴한 가격에 나온 덕분에 우리는 체계적인 조사를 할 수 있었다. 사실, 내가 아는 트레이더인 에드 세이코타Ed Seykota야말로 컴퓨터를 이용한 추세추종 트레이딩을 고안한 초기 인물 중 한 명이었는데, 그는 처음에 천공 카드를 이용했다!

하지만 내가 늘 하는 말이 있는데, 나를 이끈 원동력은 탐욕보다는 게으름이었다. 나는 돈이 불어나거나 줄어들지 않기를 바랐다. 내 목표는 시장의 오르고 내림을 고민하지 않아도 되는 일종의 자동항법 시스템을 고안하는 일이었다. 그러면 밤에도 편히 잘 수 있고, 더군다나 자고 있을 때에도 돈을 벌 수 있다. 내가 오만해서 그런 시스템을 만들려고 했던 것이 아니라, 정반대의 이유 때문이다. 어렸을 때부터 나는 아주 많은 실패를 경험했기 때문에 늘 내 잘못과 한계를 잘 알고 있었다. 이 인간적인 결함을 극복하기 위해, 대수의 법칙Law Of Large Numbers(大數法則)*을 이용해 엄밀하게 검증된 통계적 방법이 필요했다.

잭 슈웨거가 쓴《시장의 마법사들》에는 나를 인터뷰한 내용이 나오는데, 거기서 나는 이렇게 말했다.

> 이 업계가 매우 멋진 이유는 내일은 어떻게 될지 몰라도, 장기적으로 어떻게 될지는 잘 알 수 있기 때문입니다. 보험업계를 예로 들면 완벽한 설명이 가능합니다. 60세 남성 한 명이 있다고 할 때, 1년 후에 살아 있을 가능성은 알 수 없습니다. 하지만 60세 남성 10만 명이 있다고 하면, 그들 중 몇 명이 1년 후에 살아 있을지는 훌륭하게 추산해낼 수 있습니다. 우리도 이와 똑같이 합니다. 대수의 법칙을 우리에게 유리하게 이용하는 겁니다. 본질적으로 우리는 트레이딩계의 보험계리인인 셈입니다.

추세추종은 상품선물을 포함한 선물시장에만 적용되는 전

---

* 어떤 일을 몇 번이고 되풀이할 경우, 일정한 사건이 일어날 비율은 횟수를 거듭할수록 일정한 값에 가까워진다는 경험 법칙

략이 아니다. 주식 거래에도 적용할 수 있다. 한 친구는 최근에 마이크로소프트 주식을 대량으로 매수하고 있는데 추세추종 방법을 이용하고 있다고 말했다. 우리는 마이크로소프트가 어떻게 전년 대비 50퍼센트 이상의 성장세로 클라우드 서버 시장을 이끌고 있는지 논의했다. 최근 회계연도의 결과에 의하면 성장률은 100퍼센트였다. 내가 이 책의 마지막 퇴고를 했던 2019년 2월 말 기준으로 볼 때, 마이크로소프트는 여전히 주당 116달러로 52주 신고가 근처에서 거래되고 있다. 반면에 2018년 한 해 동안 S&P500지수는 6.2퍼센트 하락했다.

이는 매우 강한 추세인데, 이런 강한 실적을 설명해줄 이유는 흘러넘친다. 그중 몇 가지만 들어보자. 마이크로소프트는 선도적인 기업으로 클라우드 기술에 공격적으로 투자했는데, 현재 이 분야는 크게 성장하는 사업이다. 여러 해 동안 CEO를 맡고 있는 인물도 매우 유능하다. 그리고 이 회사는 협력사들에게 라이선스를 발급해서 큰 수익을 올리는 사업 모델도 갖고 있다. 물론 이런 요소들은 영향력이 있고 흥미롭다. 하지만 한 회사의 기본적인 펀더멘털은 나와 같은 추세추종자를 사로잡는 요소가 아니다.

추세추종자가 마이크로소프트 주식을 사는 이유는 주가가 오르고 있으며, 하나의 추세를 형성할 정도로 충분히 오래 상승하고 있기 때문이다. 추세추종자는 추세가 얼마나 오래 지속될지 예측하지 않지만, 하락 추세일 때는 빠져나온다. 달리 말해서 나는 뭔가를 알아서 돈을 버는 게 아니다. 시장이 알려주는 대로 하기 때문에 돈을 버는 것이다. 그리고 나는 평균을 중시해서 위험을 분산시켜 놓았기 때문에 단일 거래에서는 큰 영향을 받지 않는다. 나는 내 직장이 지루한 편이 좋다(모니터를 향해 비명을 지르는 일은 딱 질색이다).

트레이딩 세계에서 일부 트레이더들은 다양한 소프트웨어 패키지를 이용하여 막대한 시장 데이터를 분석한다. 이를 통해 시장의 미세한 변동을 파악하여 수익을 내거나 손실을 헤징Hedging(가격변동으로 인한 손실 위험을 줄이는 방법)하는 거래를 하루 단위나 시간 단위로 매우 많이 한다. 이런 기법들 중 일부는 대형 은행들에서 많은 직원의 뒷받침을 받는다면 성공할 수 있다. 하지만 종종 트레이더들은 세세한 차트 변화와 끝없이 쏟아지는 데이터에 사로잡혀 큰 구도에서 포착할 수 있는 기회를 놓친다. 나는 마이크로소프트의 클라우드 사업이 크게 성장하고 있음을 알기 위해 100만 가지 차트나 수천 가지의 펀더멘털 관련 데이터가 필요하지 않다. 추세를 보면 그만이다. 여러분에게도 똑같이 적용되는 이야기다.

경제학자들과 역사학자들은 위대한 지성과 헌신을 통해,

글로벌 시장을 이해하고 인간 행위와 시장 역학에 대한 통합 이론을 개발하기 위해 노력해오고 있다. 물론 나는 이분들을 존경한다. 하지만 그런 이론이 현실의 금융시장에서 검증을 무사히 통과할 것이라고는 생각하지 않는다.

당신이 뛰어난 시장 예측 능력을 지녔다고 믿기 시작하면, 매번 곤경에 처하게 된다. 다시 한번 말하지만, 나는 늘 내 트레이딩이 틀릴 수 있음을 가정하는데, 당신의 투자 인생에서도 이런 태도가 필수적인 습관이 되어야 한다. 항상 스스로에게 "이 시나리오에서 생길 수 있는 최악의 시나리오는 무엇인가?"라고 질문해야 한다. 그러면 이 최악의 시나리오가 나의 마지노선이 된다. 언제나 위험을 얼마나 감수할지, 즉 어느 정도까지 잃어도 되는지 알게 된다.

흥미롭게도 추세추종자들은 위기의 시간에 잘해내는 경향이 있다. 왜 그럴까? 대량 매도는 모든 시장에 걸쳐 극적인 추세 변화를 만들어내기 때문이다. 내 친구인 마이클 코벨Michael Covel이 쓴 책 《추세추종 전략Trend Following》에는 이런 내용이 나온다.

여러 종목의 시장들이 나란히 움직이려면, 그런 시장들을 이끄는 경제적 조건들에 대한 공통의 인식이나 합의가 있어야 한다. 그런 합의가 이루어져 있는 상황에서 중대한 사건, 예를 들어 1998년 8월의 러시아 채무불이행 사태나 2001년 9월 11일의 테러 사건 또는 2002년의 기업 회계 스캔들(그리고 2008년의 주식시장 붕괴)이 발생하면, 종종 이미 자리 잡은 기존의 추세가 가속화되는데… 사건은 진공 속에서 발생하지 않는다…. 그렇기에 추세추종은 어떤 사건의 나쁜 측면에 좀처럼 영향을 받지 않는다.

현대의 자동화 덕분에 나의 규칙을 체계화할 수 있었고, 나는 재빠르게 움직일 수 있게 되었다. 그래서 시장이 50퍼센트까지 하락해도 내가 감당할 수 있는 손실보다 더 크게 잃는 상황에 처하지 않는다. 그러기 전에 빠져나와서 자본을 보존하고, 다음 상승 기회를 노린다. 왜냐하면 언제나 다음 기회는 오기 때문이다.

하지만 매수 후 보유는 어떨까
—

내가 설명하는 내용은 월스트리트의 일반적인 조언과는 꽤 다르다. 이 조언은 투자자가 원하는 종목들을 매수 후 보유하는 소극적인 포트폴리오 방식을 권한다. 이 사고방식에 따르면 당신은 가격이 떨어질 때 아무것도 하지 말아야 한다. 기본 개념은 시장의 변동에 주목하지 말고 기다리는 것이다. 왜냐하면 시간이 지나면 주식시장은 오를 것이므로 결국에는 언제나 잘될 것이기 때문이다.

이 매수 후 보유 방법은 시장이 합리적이라는 효율적 시장 이론에 바탕을 두고 있다. 이 이론에 따르면 시장이 합리적인 이유는 누구나 동일한 정보에 접근하며, 가격은 올바른 가치에 따라 조정되기 때문이다. 단순하게 말해, 시장은 언제나 이긴다는 뜻이다. 그러므로 누가 어떤 주식을 고르든, S&P500 지수 평균보다 더 나은 수익을 거둘 수 없다고 한다.

나도 (이 방법대로) 저가에 사서 고가에 판 적이 있다. 하지만 이 방법으로 성공했다면 그건 요행이었다고 확신한다. 왜 그럴까? 주식을 포함해 어떤 자산시장이든 결국에는 오를지, 그리고 언제 오를지 아무도 확신할 수 없기 때문이다. 인생의 모든 활동의 가치도 마찬가지다. 물론 매수 후 보유 전략으로 큰 수익을 거둘 수도 있다. 하지만 급등과 급락, 그리고 언제 생길지 모를 장기간의 큰 손실을 견뎌야 할지도 모른다. 사람들은 그 손실을 견뎌내지 못할 것이다. 예를 들어 과거 S&P지수를 살펴보면, 만약 당신이 1950년대 초에 S&P지수 펀드에 돈을 넣어서 1970년대 초에 뺐다면, 매수 후 보유 전략은 매우 유효했을 것이다. 왜냐하면 당신이 빠져나올 때까지 시장은 상승했기 때문이다. 하지만 만약 당신이 1982년 4월까지 빠져 나오지 않았다면 (또는 그럴 필요가 없었다면) 어땠을까? S&P지수 가 다시 극적으로 떨어졌기 때문에 당신은 크게 낙담했을 것 이다.

아무도 미래를 예측할 수 없다는 것을 결코 잊지 말기 바 란다. 역사적으로 볼 때 성공한 기업들이 시대의 변화에 대응 하지 못해서 몰락한 예들은 많다. 나는 엔론Enron이 미래의 기 업이었던 때를 기억한다. 엔론은 어디서 잘못된 것일까? 누 가 뭐라고 하든 경제에 또는 앞으로의 시장에 무슨 일이 벌어 질지 안다고 말하는 사람의 말을 믿어서는 안 된다. 그런 식의 투기는 위험하다. 우리는 산업이 10년도 안 돼서 흥했다가 망 하는 초성장 하이테크 기업 경제에 살고 있다. 활자를 손으로 배치하던 직업은 수백 년 동안 존재해왔고 수많은 세대를 거 쳐 이어져 왔다. 그러다가 컴퓨터가 등장하면서 디지털 조판 이 그 직업을 단 몇 년 만에 쓸어버렸다.

또 다른 놀라운 사례들로 뭐가 있을까? 2009년에 등장한 우버Uber는 현재 기업 가치가 약 600억 달러다. 우버와 리프트 Lyft, 그랩Grab은 전 세계의 택시와 리무진 산업을 짓뭉갰다.

장담하는데, 그 회사 출신이 아닌 2009년 이전의 모든 우버 주식 보유자들은 노란 택시가 말이나 마차처럼 구닥다리가 될 수 있을 것이라고 잠시도 생각해보지 않았을 것이다.

전화기를 보자. 내 큰딸이 10대였을 때 나는 아이가 누구를 만나러 나가는지 알았다. 전화벨이 울리면 우리가 받은 후 누군지 물었기 때문이다. 그다음에 우리는 딸에게 전화기로 오라고 불렀는데, 당시에 전화는 집에 붙어 있는 것이었다. 3년 후 나는 막내딸이 누구와 데이트를 하는지 알 수가 없었다. 이메일이 등장했고, 딸은 데이트 상대는 물론이고 모든 친구와 이메일로 연락을 주고받았기 때문이다.

오늘날 결혼하지 않은 사람들은 틴더Tinder(미국의 온라인 데이팅 앱으로, 위치 기반 연인·친구 찾기 서비스)를 이용할지 모른다. 2012년에 나온 이 즉석 데이트 주선 소프트웨어는 모든 연령대의 성인이 데이트 상대를 고를 수 있게 해준다. 체계적인 선택 방식을 통해 잠재적인 데이트 상대에게 거절당할 걱정 없이 말이다. 이 앱의 모회사인 매치 그룹Match Group은 2017년에 기업 가치가 30억 달러였다. 젊은 사람이 다른 젊은 사람에게 전화해서 데이트하자고 '불러냈던' 마지막 때가 언제였을까? 분명 틴더의 멋진 인터페이스는 형태가 변형되어 직업 검색이든 내가 예측할 수 없는 다른 분야로 확산될 것이다. 또한 분명 어

그림 1. 매수 후 보유와 추세추종의 비교 그래프

2000년 1월부터 2019년 6월까지 추세추종(소시에테 제네랄의 SG CTA 지수)과 주식시장
(S&P500 총수익 지수)의 비교

출처: Alex Greyserman and Kathryn M. Kaminski.

느 시점에서 다른 무언가에 의해 대체될 것이다. 우리는 그냥
쓰고 버리는 사회에서 살고 있지만, 이러한 사회에서도… 내
규칙은 타당하다.

　그렇다고 해서 저점 매수/고점 매도를 추구하면 안 된다는
말은 아니다. 매수 후 보유 방법이 틀렸다는 말도 아니다. 매
번 통하는 단 하나의 트레이딩 또는 투자 방법은 없다. 때문에
방법을 다양화하는 것이 최선이다.

우리가 트레이딩을 시작했을 때만 해도 추세추종은 급진적이라는 말을 들었다. 왜냐하면 사람들은 펀더멘털 정보를 이용하여 시장에서 결정을 내려야 한다고 생각했기 때문이다. 가격을 이용하여 매매하는 추세추종 같은 투자 방법은 신성모독이었다. 추세추종은 승산이 관건이지만, 월스트리트는 이야기 퍼뜨리기와 예측하기가 관건이다(안타깝게도 많은 사람은 예측에 큰 대가를 치른다). 따라서 많은 투자 조언가는 여전히 다른 방법들을 배제하고 매수 후 보유 방법을 밀어붙인다. 하지만 오늘날에는 다양화가 가능한데, 뮤추얼펀드MF와 상장지수펀드ETF가 있어서 일반인들이 자신들의 전통적인 포트폴리오를 보완해주는 추세추종 방법을 경험해볼 수 있다.

연평균 성장률을 비교한 한 연구에서 내 동료 알렉스 그레이서먼Alex Greyserman과 캐서린 카민스키Kathryn Kaminski가 밝혀낸 바에 의하면, 1992년부터 2013년 사이의 20년 동안 추세추종(바클레이 CTA 지수로 측정한)이 주식(S&P 총수익 지수로 측정한)보다 실적이 뛰어났다. 가장 눈에 띈 연구 결과로는 두 방법을 동등하게 결합했을 때 최상의 실적이 나왔다.

	바클레이 CTA 지수 (주식 변동성 상황에서)	S&P 총수익 지수	50:50 조합
연평균 수익	10.9%	9.22%	10.37%

출처: Trend Following with Managed Futures: The Search for Crisis Alpha by Alex Greyserman and Kathryn M. Kaminski.

추세추종을 인생에 적용하기

—

오스트리아학파 경제학자 루트비히 폰 미제스Ludwig von Mises, 1881~1973는 이렇게 말했다. "모든 행동은 시간의 흐름 속에 끼워져 있으므로, 투기를 포함한다는 것을 잊지 말아야 한다."

나도 공감한다. 인생은 불확실한 가운데서도 매일 해야 하는 끊임없는 베팅의 연속이다. 시장에서와 마찬가지로 인생에서도 우리는 모르는 것을 인정하는 지혜가 필요하다. 우리는 틀릴 수 있음을 인정하고, 관찰 가능한 사실만을 사용하여 결정을 내려야 한다.

인간은 시장에서든 인생에서든 합리적이지 않다. 예를 들어 우리가 살을 빼려고 할 때면 누구나 알고 있듯이 적게 먹고 많이 움직여야 한다. 그런데 사람들은 왜 그러지 않을까? 나는 다른 사람에게 내 생각을 이해시키려고 할 때 사랑과 데이트를 예로 드는 걸 좋아한다.

사람들은 부를 얻으려고 애쓴 경험보다 사랑을 얻으려고 애쓴 경험이 훨씬 더 많다. 누구나 유혹의 힘, 짝을 찾으려는 노력 그리고 짝을 찾았을 때의 기쁨과 더불어 사랑을 잃었을 때의 좌절감을 이야기하는 데 관심이 많다. 어쨌거나 인간은 무엇보다도 번식하도록 되어 있기 때문에 낭만적인 짝을 찾으려는 욕구가 매우 강할 수밖에 없다.

돈과 사랑에는 꽤 비슷한 면이 있는데, 바로 리스크다. 누군가에게 내 마음을 준다는 것은 (우리가 바라는) 큰 이득을 얻기 위해 큰 리스크를 지는 일이다. 대체로 우리는 긍정적인 무언가를 얻지 못하면 관계를 지속하지 않는다. 관계의 초기에 우리는 나쁜 추세를 얼마나 오래 지속할까? 설마 오래 가지 않을 것이라고 생각하는가? 한 집에서 20년 동안 아이들과 함께 지내다 관계가 나빠지게 되면 어떻게 될까? 이때 리스크는 어떻게 관리해야 할까? 상황은 빠르게 복잡해진다. 나의 기본적인 방법을 다시 살펴보기 바란다. 내 요지는 이렇다.

1. 게임에 뛰어들어라. 장래의 배우자가 저절로 나타나서 당신 집의 문을 두드리지 않을 것임은 분명하다. 그럴 승산은 10억분의 1이 될까 말까다. 당신이 나서야 한다. 그러니 말쑥하게 차려 입고 립스틱을 바르고 구두에 광을 내고 댄스홀, 바, 파

티, 교회 또는 직장에 나가야 한다. 게임이 벌어지는 곳이라면 어디든 가면 된다(틴더의 경우에는 셀카 사진을 잘 찍어서 멋진 설명과 함께 올린다. 그러면 게임에 뛰어든 것이다).

2. 명확한 목표를 정하라. 말 주변이 좋은 사람, 아니면 유머 감각이 좋은 사람? 화끈한 섹스 파트너? 잠재적인 결혼 상대자? 매력만점인 사람? 돈 잘 버는 사람? 종교나 인종이 같은 사람? 누굴 원하는지는 당신 자신이 제일 잘 알고 있다. 물론 어떤 파트너와 무엇을 함께 추구할지 목표도 정해야 한다. 이런 사안들을 생각해놓지 않으면 곤경을 초래하게 된다.

3. 리스크를 최소화하라. 당신은 첫 데이트에서 가장 비싼 쇼를 보고, 가장 비싼 식당에서 식사하기 위해 데이트를 수락하는가? 아마 아닐 것이다. 대신에 가능성 있는 여러 후보와 커피나 술을 마시거나 중국 음식을 함께 먹으면서 가슴에 스파크를 일으키는 상대를 찾으려 하는가? 분명 그럴 것이다. 그리고 베팅의 타이밍을 조절하기 위해 당신은 게임 이론을 이용할 것이다. 게임 이론은 관찰 가능한 사실을 이용하여 확률을 결정한다. 그러므로 만약 목표에 부합하는 사람이 없다면 당신은 별로일 것 같은 데이트에 상당한 시간과 돈을 투자하기보다는 '이번에는 그냥 넘기는' 쪽을 택한다. 이것은 인생의 혼란스러운 여러 상황을 대처하는 깔끔한 사고방식이다.

4. 손실은 빨리 막고 수익은 따라가라. 결혼에는 시간, 돈 그리고 에너지가 아주 많이 든다. 그런데도 이혼의 가능성은 반반이다. 특히 초기에는 나쁜 베팅에 자원을 고갈시키지 않는 것이 중요하다.

트레이딩과 인생에 대한 4가지 원칙

- 게임에 뛰어들어라.
- 모든 판돈을 잃으면 더 이상 베팅할 수 없다.
- 승산을 알고 향상시켜라.
- 손실은 막고 수익은 따라가라.

추세추종과 사랑의 상관관계:
베팅을 계속하여 행복한 결혼으로 가는 길
—

다음 두 시나리오(그림 2. 3)에서 당신은 어디에 베팅할 것인가? 때로는 당신 앞에 아주 멋져 보이는 상대가 나타난다. 이

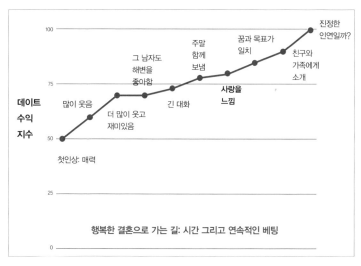

그림 2. 추세추종과 사랑: 수익을 늘려라

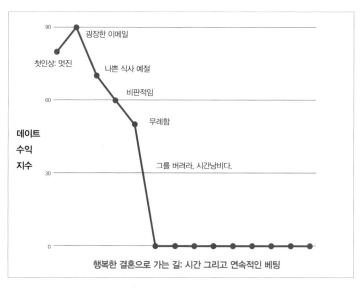

그림 3. 추세추종과 사랑: 손실을 막아라

추세는 계속해서 올라가는데, 어떤 이유에선지 당신은 질겁하고 부랴부랴 달아난다. 좋은 추세에서 왜 빠져나오는지 스스로에게 물어보라. 인생이 그렇게 좋을 리가 없다고 생각하는가? 그렇게 좋은 대접을 받을 자격이 없다고 생각하는가?

나의 첫 결혼에서 추세는 시작부터 상승세였고 분명 행복한 결혼이었다. 앞서 말했듯이 아내 시빌과 나는 성장 환경이 완전히 달랐다. 두 번째 결혼에서 나는 성장 환경이 비슷한 사람을 선택했다. 시빌의 친구였던 샤론은 브루클린 출신이었는데, 무일푼에서 인생을 시작했지만 더 나은 삶을 살기로 결심했다. 서로 공통점이 많아서 내가 군이 설명하지 않아도 그녀는 대체로 나를 이해했다. 결혼은 인생의 가장 큰 베팅 중 하나다. 결혼할 때마다 나는 스스로에게 물었다. 이 사람과 함께 시간을 보내고 싶은가? 배우자와 함께 할 일은 아주 많다. 예를 들어 침대에서 좋은 시간을 보내면 금슬이 좋아진다. 결혼은 인생의 중대사다. 그러므로 결혼을 할 때 무엇을 가치 있게 여길 것인지를 결정해야 한다.

자신이 어디로 가고 있는지 살펴서 수익을 늘려라. 좋은 관계에 뛰어들고 유지하기는 빠져나오기보다 훨씬 쉽다. 언제 우리는 결혼이나 우정, 사업에서 손실을 막아야 할까? 돈과 마찬가지로 당신은 얼마를 기꺼이 잃을 수 있는지 스스로에게 물어야 한다. 역사적으로 볼 때, 아주 많은 부가 나쁜 생각에 집착하는 바람에 사라져 버렸다. 아주 많은 사람이 추세가 가라앉고 있는데도 나쁜 상황이 지나가기만을 기다리고 있다. 사람들은 사업을 시작한 후 수익이 형편없음에도 불구하고 5년 내지 10년 동안 사업을 유지한다.

내가 어렸을 때부터 알고 있는 한 여성이 있다. 여러 해 전에 그녀는 매일 아침 출근하기가 두려워진다며 내게 하소연을 했다. 그녀는 브롱크스의 한 고등학교 교사였다. 어느 날 함께 해변을 걷고 있을 때 그녀는 자신이 정말로 하고 싶은 일은 심리치료사라고 말했다.

"그런데 왜 안 해요?" 내가 물었다.

"연금을 포기하고 싶지 않아서요."

이어서 그녀는 끔찍한 사건 하나를 털어놓았다. 몇 주 전에 어떤 과목에서 낙제를 받아서 화가 난 학생이 그녀의 동료 교사에게 다가가서 얼굴에 총을 쐈다고 했다.

"잠깐만요." 내가 말했다. "그러니까 지금 일하는 학교가 학생이 다른 학생이나 선생을 총으로 쏠 수 있는 곳인데도, 연금 때문에 그만두고 싶지 않다고요?"

총에 맞아 죽는 위험에 비한다면 연금이 뭐가 중요하다는 말인가? 그건 나쁜 거래다. 무엇보다도 당신이 그 연금을 받을 것이라는 보장이 없다. 지금부터 연금 수령 시간까지 아주 많은 일이 벌어질 수 있기 때문이다. 짐작으로만 '안전한' 직장을 계속 다니기 위해 매일 총에 맞아 죽을 위험을 떠안느니, 심리치료사가 되겠다는 평생의 꿈을 좇는 편이 낫다.

다행히도 그녀는 규칙에 따라 손실을 막아야겠다고 결심했다. 학교를 그만둔 다음에 심리치료사로서 성공적인 인생을 다시 시작했다.

사람들은 매몰비용에서 빠져나오기를 매우 어려워한다. 만약 나쁜 베팅에 너무 오래 과도하게 집중하고 있다면, 더 나은 기회를 잃고 만다. 시장뿐 아니라 인생에도 해당되는 말이다.

마찬가지로 나쁜 베팅에서 빠져나오는 것이 당신을 중도포기자로 만든다는 거짓말에 속지 마라. 만약 당신이 미국 대통령에 입후보했는데 예비선거에서 성적이 나쁘다면, 선거판에 더 이상 얼쩡대서는 안 된다. 그랬다가는 이길 가능성도 없는 일 때문에 나머지 인생을 불행하게 만드는 바보짓을 하는 사람임을 입증할 뿐이다. 미국 대통령이 되겠다는 당신의 목표를 기억하고, 더 나은 계획을 들고 4년 후에 다시 뛰어들면 된다.

인생에서든 시장에서든 우리가 통제할 수 없는 일은 아주 많다. 하지만 당신은 선택을 통제할 수 있다. 그리고 얼마를 기꺼이 잃을지는 당신의 의지대로 스스로 결정할 수 있다. 다시 처음 질문으로 되돌아가보자. 당신은 누구인가? 당신은 무엇을 원하는가? 추세추종의 마음가짐을 갖고 있으면, 당신은 현재에 대한 올바른 선택을 할 수 있음을 분명히 알 수 있다. 의욕 있는 모든 사람은 추세추종을 통해 리스크를 관리하면서 시장에 투자할 기회를 얻게 된다.

돈을 잃는 법:
나는 어떻게 수백만 달러를 잃었나

얼마 전에 체육관에 갔는데 한 남자가 샌드백을 치고 있었다. 열심히 치긴 했지만, 내가 이제껏 본 것 중에서 가장 효과 없는 주먹질이었다. 물론 나는 주먹질을 잘하는 법을 전혀 모르는데, 다만 대다수 사람처럼 주먹질은 '온몸의 체중을 실어야' 한다는 말을 들었을 뿐이다. 그 말이 무슨 뜻인지 몰랐는데, 그 남자가 허우적거리며 팔을 앞뒤로 뻗었다가 거두는 모습을 보니 이해가 되었다. 왜 제대로 실릴 수 있는 힘의 아주 일부만을 사용하는지 나는 확실히 알 수 있었다. 그가 잘못된 방법을 사용하고 있었기 때문이다. 하마터면 자세를 고쳐주러 갈 뻔했지만, 물론 그러지 않았다. 지켜보고 있자니, 그는 아무것도 모른 채 계속 힘만 빼면서 똑같은 실수를 반복하고 있었다.

우리는 자신에게 자주 눈이 먼다. 우리의 자아는 두려움과 욕망 때문에 자신이 저지르는 실수를 알아차리지 못한다. 낮에 뜬 해처럼 아주 당연한 실수도 깨닫지 못할 때도 있다. 우리는 손실을 감당하길 원하지 않기 때문에 상황이 곧 반전될 것이라는 생각으로 버티면서 스스로를 속인다. 그런 식으로 스스로를 심각한 위험에 빠뜨리고 잘못된 현실에 집착한다. 이에 대해 잘 아는 이유는 나에게 벌어졌던 일이기 때문이다. 나는 한때 잘나가고 있어서 나에게 정면으로 다가오는 주먹을 보지 못했다. 그 결과 수백만 달러를 잃었고, 하마터면 인생을 망칠 뻔했다.

부자가 되는 법은 언제나 매우 인기 있는 주제다. 하지만 만약 당신이 금융시장에 들어섰다면 돈을 잃는 법 그리고 한순간에 망할 정도로 크게 잃지 않는 법을 배우는 게 더 중요하다. 왜 그럴까? 욕망은 현실과 싸움을 벌인다. 그것까지는 괜찮다. 하지만 우리는 함정과 위협도 반드시 알아야 한다.

오랜 세월 동안 나는 (나 자신을 포함해) 아주 많은 사람이 부를 잃는 것을 지켜보았다. 그 원인은 단 하나, 내가 지금까지 말했던 규칙과 정반대로 행동했기 때문이다. 많이 잃는 사람들은 어려움을 만나면 손실을 최대한 줄이고 수익을 늘리는 대신에, 얼어붙는다. 이로 인해 작은 손실이 깊고 넓은 구멍으로 변한다. 마치 바닥에서부터 물이 차오르는데 헤엄도 못 치는 사람이 삽으로 계속 땅을 파는 형국이 벌어진다. 나는 손실을 줄였기 때문에 금융시장에서 살아남았고, 수익을 늘렸기 때문에 부자가 되었다.

돈을 잃는 가장 인기 있는 방법 여덟 가지를 소개하겠다. 잘 익혀두길 바란다. 만약 내가 아직도 스탠드업 코미디언이었다면, 하나씩 소개할 때마다 웃으면서 경쾌한 드럼비트와 함께 연기로 표현했을 것이이다. 이것들 중에서 내가 수백만 달러를 잃은 사례가 어느 것인지 궁금하다면, 마지막까지 기다려야 한다. 8번째가 나의 경험담이다.

돈을 잃는 8가지 방법

1. 천재가 되어라

선생을 기절초풍하게 만들고, 수석으로 졸업하고, 아인슈타인 뺨칠 정도로 IQ가 높은 신동을 아는가? 그런 신동은 자신이 특별하다고 여긴다. 사실이 그렇다. 천재가 된다는 것은 아주 많은 이득과 찬사를 가져다준다. 하지만 가장 좋은 학교를 다니며 한 해 한 해 더 높은 업적을 쌓는 천재라도 시장에서는 불리한 상황에 맞닥뜨리게 된다.

먼저 시장은 당신이 얼마나 똑똑한지에 개의치 않는다. 성적이나 학위에도 아무런 감동을 받지 않는다. 주식, 채권 및 상품선물 거래에서의 성공은 어려운 동작을 할 때마다 점수를 얻는 피겨스케이팅 같은 것이 아니다. 시장에서는 오직 마지막 결과가 중요한데, 그 결과가 제로(0)가 될 수도 있다. 즉 매번 잘하다가도 한 번의 잘못된 베팅에 너무 많이 걸었다가 모든 걸 잃을 수도 있다는 뜻이다. 시장은 미안하다는 말조차 하지 않는다. 가끔씩 아이비리그 출신들이 버티다가 망하는 수준까지 손실을 입는 것을 보게 된다. 그들은 엘리트 교육을 받은 자신들이 틀렸다는 걸 인정하지 못하기 때문이다.

2. 시장이 당신에게 돈을 빚지고 있다고 여겨라

내 친구 한 명은 설탕에 크게 투자해서 부자가 되었다. 하지만 이후 설탕으로 돈을 많이 잃었다. 어떻게 된 일일까? 그는 아주 오랫동안 이 생각에 빠져 있었고, 언젠가는 설탕으로 다시 크게 벌 작정이었다. 왜냐하면 시장이 어쩌면 자신에게 돈을 빚지고 있다고 여겼기 때문이다. 그래서 여러 해 동안 설탕에 계속 투자했지만 별 소득이 없었다. 그러다가 어느 날, 마침내 설탕 가격이 크게 올라간 것을 보고서 나는 친구가 기뻐하는 모습을 예상하며 전화를 걸었다. 이번 상승으로 얼마나 벌었는지 물었다. 그런데 의외로 친구는 머뭇거리는 목소리로 이렇게 말했다.

"진입 시기를 놓쳐버렸어."

설탕이 다시 돈을 만회해줄 거라고 너무 확신한 나머지, 실제 사실을 주목하지 않고 있다가 벌어진 일이었다. 그래서 바로 들어가야 할 순간에 들어가지 못하고 만 것이다.

3. 추세를 무시하라

또 한 가지 사례를 상상해보자. 옥수수시장은 가라앉고 있다(애플 주식이나 비트코인을 예로 들 수도 있는데, 구체적인 종목은 중요하지 않다). 당신은 가격이 다시 오를 것이므로 이 낮은 가격에 옥수수를 많이 사야 할까? 아니다.

물론 대량 매각 후 다시 매수하여 큰 기회를 잡을 수도 있다. 하지만 이것이 일반 규칙이라고 여기다가는 큰코다칠 것이다. 어떤 주식은 매우 타당한 이유로 하락한다. 그런 주식은 다들 사길 원하지 않는다. 예를 들어 말과 마차의 재료는 자동차의 등장 이후 가치가 하락했다. 만약 당신이 이 쇠퇴하는 시장에서 간신히 벗어났지만, 그 이후에 말안장 제조회사의 주식을 대량으로 샀다면 어떻게 될까?

이렇게 설명해보겠다. 만약 당신이 브루클린으로 가고 싶다면, 브롱크스로 가는 지하철을 타겠는가? 나도 그랬던 적이 있었기 때문에 그러지 말라고 자신 있게 말할 수 있다. 맨해튼 남쪽의 브루클린으로 가는 길이었다. 내가 무슨 말을 하기만 하면 칭찬을 들었던 어떤 회의에 참석한 후였다. 지하철을 타고 가면서 속으로 나는 천재임이 틀림없다고 연신 되뇌었다. 그러다가 문득 쳐다보니 기차는 브루클린이 아니라 브롱크스로 향하고 있었다. 평생 뉴욕 시민으로 살았고 아홉 살 이후로 혼자 지하철을 타고 다녔건만 나는 지하철을 잘못 탄 것이었다.

당신의 전망이 현실과 부합하지 않는지 스스로에게 자주 물어보기 바란다. 오를 것이라고 생각해서 1달러에 주식이나 상품을 샀는데 다음 날 보니 90센트가 되었다면, 자신에게 솔직해져야 한다. 무언가를 잘못한 것이다. 이럴 때는 빠져나와야 한다. 그리고 기분 나쁘게 생각해서는 안 된다. 당신이 영원히 잘못한 것이 아니다. 단지 이번에 잘못했을 뿐이다. 다음 기회를 노려서 그때 올바른 판단을 하면 된다.

4. 나쁜 상황에서 빠져나오지 마라

엄청나게 좋은 거래가 목전에 있다. 당신은 95퍼센트의 승산으로 이 거래가 유리하다고 생각했고, 얼마나 많이 벌지 오싹해하면서 정말로 크게 돈을 건다. 그런데 슬픈 일이 벌어진다. 실패하는 5퍼센트 안에 든 것이다. 이제 당신은 집도 팔고 차도 팔아야 할지 모르며, 게다가 사립대학에 다닐 계획인 자녀에게 나쁜 소식을 전해야 할 수도 있다.

이런 일을 감당할 준비가 되어 있는가? 그렇지 않다면 잃어도 감당할 수 있는 것에만 베팅하라. 사실 '얼마나 벌 수 있을까?'가 아니라 '얼마나 잃을 수 있을까?'가 당신의 첫 번째 질문이어야 한다(이것을 주문처럼 외우기 바란다).

5. 잃고 있는데도 버텨라

오래 전에 내 이종사촌이 옵션시장에서 5,000달러를 10만 달러로 불렸다. 어떻게 한 거냐고 내가 물었다.

그러자 사촌은 이렇게 말했다. "쉬워. 옵션을 사서 오르면 계속 들고 있고, 만약 내려가면 적어도 본전이 될 때까지 기다리면 돼."

나는 그 전략이 늘 통하지는 않을 거라고 그에게 충고해주었다. 너무 위험한 전략이었다. 하지만 그는 듣지 않았다.

그는 10만 달러를 투자해 메릴린치 주식의 옵션을 아주 저가에 매수했다. 가진 돈 전부였는데도, 조금도 걱정하지 않았다. 그 옵션이 바닥을 쳤으니 오를 수밖에 없고, 곧 그는 대박을 터뜨릴 거라고 나한테 호언장담했다.

"대박이 나긴 날 거야." 나는 말했다. "하지만 크게 박살난 쪽은 다름 아닌 너겠지."

그는 끝까지 우겼다. "10퍼센트만 오른다고 해도 이번 투자로 200퍼센트의 수익이라고."

하지만 정작 가격은 다시 오르지 않았고, 결국 그는 11만 달러를 잃었다.

"어떻게 그럴 수가 있어? 투자한 돈보다 더 많이 잃는 건 불가능하지. 나머지 1만 달러는 어디서 난 거야?"

그는 대답했다. "아, 내가 말 안 했나? 1만 달러는 은행에서 빌렸지."

놀랍게도 그는 돈을 잃고 있는데도 옵션을 더 많이 사기 위해서 돈을 더 빌렸다. 자신이 옳다는 증거가 전혀 없는데도 그는 추세를 거슬러서 감당할 수 있는 것보다 더 많은 리스크를 떠안았다. 왜 그랬을까? 우리 마음속에는 희망이 손해보다 더 가치 있다고 여기기 때문이다. 바로 이 때문에 나쁜 결혼생활을 하는 사람들도 그대로 결혼생활을 유지한다. 내 경험으로

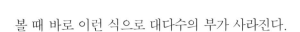

볼 때 바로 이런 식으로 대다수의 부가 사라진다.

6. 승자가 되어라

또 한 명의 친구는 뛰어난 운동선수이자 미남이다. 학교 성적도 좋았고, 뭔가를 잃는 것에 익숙하지 않았다. 사실 뭐든 잃어본 적이 없는 친구였다. 열여섯 살 때 부모님이 스포츠카를 사주었을 정도로 뭐든 하고 싶은 대로 다 하며 살았다. 손실에 대해 준비하고, 손실을 방지하고, 손실에 대처하는 법을 몰랐다. 이 친구가 주식을 샀는데, 가격이 내려갔는데도 주식을 계속 들고 버텼다. 하지만 주식 가격은 다시 오르지 않았다. 결국 일흔 살의 나이에 자식들의 도움을 받으며 살고 있다.

이기는 데 익숙한 사람들은 자신들이 실제로 잃고 있다는 사실을 좀처럼 인정하지 않으려 한다. 이들은 잃고 있는 베팅을 오래 붙들고 있다. 나는 운동도 못했고 학교 성적도 나빴기 때문에 내가 지게 되는 것은 어쩌면 당연했다. 나는 재빨리 그 점을 인정하고 카드를 접었고, 다음 기회를 노렸다.

돈 잃기를 연습하라고 당신에게 권하고 싶다. 잃기야말로 결국에는 크게 버는 데 도움이 될 것이다.

7. 자신의 목표를 혼동하라

당신은 어떤 상승 추세를 찾아냈다. 예를 들어 어떤 동네에 있는 빌딩의 30일 평균 가격이 1년 동안 오르고 있었다. 그래서 그 빌딩을 사기로 결정한다. 왜냐하면 가격이 올라서 크게 한몫 벌 수 있을 것이라고 생각했기 때문이다. 그리고 곧 당신은 그 빌딩과 사랑에 빠지고 마는데, 왜냐하면 유명 건축가가 설계한 로비가 너무 아름다웠기 때문이다. 멋진 로비 때문에 가격이 더 상승할 거라고 스스로에게 말한다.

사실 당신은 객관성을 잃고 말았다. 당신은 로비 때문이 아니라 임대 수입을 얻기 위해 빌딩을 산 것이다. 그러니 건물의 상태를 확인해보고 임대료가 오를지 여부를 살펴야 한다. 객관성을 되찾기 위해 로비 사랑에서 벗어나야 한다.

8. 교만해져라

당신의 돈을 전부 잃고 망하는 것과 당신의 돈 전부에 다른 사람들이 맡긴 수백만 달러까지 합쳐서 잃고 망하는 것은 전혀 다른 이야기다. 그런 실수를 저질렀을 때의 나는 처음으로 실수를 했던 예전의 나와는 달랐다. 하지만 그런 일이 다가오고 있음을 알아차리지 못한 것이 문제였다. 이미 벌어지고 있는데도 알지 못했으니, 분명 내 책임이었다. 내가 모든 것을 알아차리기에는 이미 나는 너무 커버렸다. 사업이 잘되고 있었고, 나는 세상 꼭대기에 있었다. 아래층에 있는 직원들이 투자를 실행하고 자금을 관리하고 있었다. 그 실수를 알아차렸을 무렵 나는 제트기로 전 세계를 누비며 거래를 성사시키는 조직의 수장이었다. 그러니 실제로 무슨 일이 벌어지는지를 꼼꼼히 살피기 어려웠다. 그래서 확인을 제대로 하지 않았다. 숫자만 보고 그대로 믿었다. 교만 때문에 그런 실수를 저질렀는데, 매우 치명적인 실수였다.

다음 이야기는 나에게 일어난 일이다. 당신이 비슷한 실수를 저지르지 않기를 바라는 마음에서 내 이야기를 전한다.

아주 짧은 목록

- 당신이 금융시장에 들어섰다면 돈을 잃는 법 그리고 한순간에 망할 정도로 크게 잃지 않는 법을 배우는 게 더 중요하다.
- 당신이 투자를 하든 또는 인생에서 큰 무언가를 하려고 한다면, 정신을 차리고 강하게 나서야 한다.

어떻게 나는 모든 것을 잃었나

—

1970년대 중반 나는 상품옵션 시장조성자Market Maker로 활약했다. 간단히 말해 우리의 계좌와 고객의 계좌를 관리하며 상품 옵션을 사고파는 일종의 어음 교환소 역할을 했다. 그러기 위해서는 막대한 현금 보유량이 필요했다. 한 스위스 은행에서 펀딩을 받아 시작했고, 그 은행이 담보를 잡고 있었다. 거래는 매우 잘되었고, 우리는 계속 고객들을 모았다.

시장조성자는 뭐든 헤징해야 했다. 즉 우리가 10억 달러어치 옵션을 사기로 했다면, 우리는 언제나 10억 달러 옵션 매수자를 찾아서 그 옵션 거래를 뒷받침했다. 매수-매도 가격 차이가 우리의 수익이었고, 헤징은 우리의 안전장치였다.

우리의 펀드를 사려고 하는 고객은 선불로 최소 금액을 현금으로 투자한 다음에, 그 최소 금액의 세 배에 달하는 여유금을 준비해두기로 합의했다. 예를 들면 고객이 5만 달러를 현금으로 내놓았다면, 고객은 회사가 요구할 경우 다시 15만 달러를 내겠다고 약속했다.

당시 나는 함께 일하는 파트너가 있었다. 금융시장 분석가였는데, 우리의 트레이딩 시스템을 시험하고 운영하는 것을 도왔다. 나는 실무의 바깥에 있었고, 그는 실무자로서 장부를 관리했다. 나는 늘 내 생각을 실행해줄 사람들이 필요했다. 내가 일일이 모든 상황을 확인할 수 없었기 때문이다. 나 대신 실무를 봐줄 눈이 필요했다. 내게는 상황을 잘 파악하고 수치를 다룰 수 있는 사람, 내가 설명해주면 원하는 바를 수학적으로 이해할 수 있는 똑똑한 사람이 필요했다. 내 파트너가 바로 그런 사람이었고, 내 마음에 들었다. 그는 예쁜 아내와 아이들이 있었다. 함께 일을 시작했을 때 그는 다른 사람들과 똑같은 방식으로 보상을 받았다. 즉 월급 대신에 회사의 지분을 받았다. 시간이 흐르면서 회사가 성장하자 그도 잘살게 되었다.

우리 사업은 아주 성공적이었다. 내 변호사인 사이먼이 나에게 세금을 줄이기 위해 거주지와 사업체를 뉴저지로 옮기라고 설득했다. 한때 록 콘서트 매니저 일을 했을 때 뉴저지주의 서밋Summit을 지나가면서 본 적이 있었는데, 그 도시는 초록빛으로 가득한 곳이었다. 아내 시빌과 나는 그곳으로 이사 가기로 결정했다. 사무실은 집에서 조금 떨어진 도시 뉴워크Newark의 게이트웨이 빌딩Gateway Building 9층에 차렸다. 사이먼의 사무실은 그 건물 14층에 있었다.

흥분이 넘치던 시기였다. 우리 회사는 시장조성자 일을 잘해나갔다. 처음에 500만 달러를, 그다음에 1,000만 달러의 자금을 모아서 트레이딩을 했다. 이어서 우리는 또 하나의 회사를 설립했고, 거기서는 상품시장에서 사용했던 전략을 채권 및 국채시장에 응용했다. 여기서 다시 1,000만 달러를 모았다.

즐거운 시간이었다. 돈을 버는 새롭고 혁신적인 방식을 만들고 있었기 때문이다. 나는 그런 일이 제일 좋았다. 예를 들어 리처드 샌더Richard Sandor 박사(당시 시카고 상품거래소의 수석 경제학자)가 정부 금리에 대한 첫 선물 계약을 개발했다는 소식을 듣고 나는 사이먼에게 그 일을 하고 싶다고 말했다.

"우리가 잘해낼 수 있는 일이에요."

"멋진데요! 하지만 어떻게 하는지 우린 모르잖아요." 사이먼이 말했다.

"글쎄, 샌더 박사에게 전화해서 알아보면 되죠, 뭐."

"아는 사이예요?"

"아뇨, 몰라요."

"도대체 어떻게 그 사람을 만나려고요?"

"비행기를 타고 가서 박사의 사무실에 찾아가면 되겠죠."

사이먼은 내가 아무에게나 전화를 거는 모습을 보고 깜짝 놀랄 때가 종종 있었다. 어떻게 설명해야 할지 몰랐지만, 나는 늘 어찌어찌 해냈다. 아마도 실패에 익숙했기 때문일 것이다. 일어날 수 있는 최악의 상황이 무엇일까? 나를 돌려보내는 게 고작 아닐까?

2~3일 후 나는 샌더 박사의 사무실에 있었다. 샌더 박사는 총명한 사람이었고 우리는 즐거운 대화를 나누었다(알고 보니 박사도 브루클린 출신이었다). 그의 통찰력 덕분에 우리는 앞서 나갔고, 금리 선물을 거래하기 시작했다.

◆ ◆ ◆

1979년 11월, 상황이 완전히 뒤집혔다.

지난 10년 동안 인플레이션은 치솟았고, 11퍼센트를 넘었다. 그즈음 미국 연방준비제도(연준)의 의장이 되었던 폴 볼커 Paul Volcker가 인플레이션을 상대로 전쟁을 시작했다. 그는 금리 올리기 캠페인을 시작했다. 우리 고객들은 큰 움직임을 기대하며 우리 회사에 몰려와서 자금을 맡겼다. 하지만 그해 11월 사이먼이 내 파트너에게서 전화를 받았다.

"가서 드릴 말씀이 있습니다. 그런 다음에 저는 창밖으로 뛰어내릴 겁니다." 파트너가 말했다.

사이먼이 그 말을 믿었는지는 난 모른다. 하지만 분명 신경 쓰이는 말이었다. 사이먼은 나도 함께 만나자고 했다. 1시간 안에 내가 도착했고, 우리 셋은 사이먼의 사무실에서 만났다. 문이 닫히자 파트너는 자초지종을 전했다.

"제가 헤징을 하지 못했습니다. 죄송해요. 10억 달러짜리 거래를 하면서 헤징을 안 했어요…."

그의 목소리는 침착했다. 그는 볼커의 금리가 어쩌고저쩌고 말한 다음에 우리가 많은 돈을 잃었다고 했다. 정확히 얼마인지는 그도 몰랐다. 나는 그의 말을 속으로 정리해본 다음에 "왜 헤징을 하지 않았죠?"라고 물었다.

"볼커가 금리 인상을 멈출 것이라고 생각했거든요."

이후 오랜 세월 동안 나는 파트너의 결정을 되짚어보곤 했다. 그는 나를 포함해 다른 누군가와도 상의 없이 우리 회사의 시스템을 제멋대로 무시해버렸다. 자아나 탐욕 또는 두려움 때문에 모든 걸 잃을 리스크를 졌다는 것일까? 나도 확실히는 모른다. 그는 장학금을 받으며 명문대를 다녔던 IQ가 높은 매우 똑똑한 사람이었다. 미남인 데다가 가족도 훌륭했다. 이제 그의 삶은 결코 이전과 같지 않을 것이다.

알고 보니 파트너는 이 실수를 조금 더 일찍 알았지만 나에게 숨겨왔다. 그 실수를 다른 거래를 통해 만회하려고 했던 것이다. 하지만 날이 갈수록 상황이 악화되었고, 그는 매일매일 커져가는 두려움에 얼어붙고 말았다. 내가 사람들에게 늘 하는 말이 있는데, 첫 손실이 최고라는 것이다. 그때 재빨리 빠져나와야 한다. 하지만 그는 그러지 못했다.

손실을 마주한 그날에 빠져나오는 대신에 그는 공포에 휩싸였다. 그럴 사람이 아니었는데, 어떻게든 어떤 식으로든 구조될 거라고 무작정 기대하고만 있었던 것이다. 회사에는 장부 확인을 담당하는 직원이 있었지만, 나중에 알고 보니 내 파트너가 그 직원을 위협해서 장부 확인을 가로막았다. 그래서 모든 과정이 은폐되고 말았다.

사이먼과 나는 파탄이 났다. 사이먼의 권유로 법조계 파트너들과 고객들이 자금을 댔는데, 그들도 파탄이 날 지경이었다. 내 친구들과 다른 여러 고객도 마찬가지였다. 전부 알거지가 될 수 있다는 생각이 들었다. 우리는 정부와 중개인, 은행과 다른 여러 거대 금융회사에게 빚을 지고 있었다. 내 파트너는 말했다. "젠장, 다들 우릴 죽이려고 할 거예요. 저는 당장 창밖으로 뛰어내릴래요."

다행히도 창문은 닫혀 있었다. 아마 창이 열려 있었다면 그는 정말로 뛰어내렸을지도 모른다. 우리는 잠시 얼이 나가 있었다. 하지만 내 머리가 작동하는 방식은 재빨리 살 길을 찾자는 것이었다. 지금 나는 불타는 나무에 올라가 있는 형국이었지만, 아직 불이 붙지 않은 가지를 찾아서 나무에서 내려가야 했다. 문득 이런 생각이 들었다. 사이먼이 속한 법률 사무소가 큰 피해를 입었으니, 내가 이 문제를 해결하는 데 사이먼이 발벗고 나설 것이라고.

그다음 며칠 동안 우리는 잠을 자지 못했다. 상황을 파악해 보니 우리의 상태가 드러났다. 우리가 가진 돈보다 700만 달러나 더 빚을 져 있었다.

불행하게도 나는 문제를 해결하기 위해 파트너와 계속 함께 일해야 했다. 나를 속이고 막대한 손해를 끼친 사람과 어떻게 같은 공간에서 지낼 수 있는지 궁금할 것이다. 글쎄, 비결은 아주 간단했다. 목표에 따라 내 인생을 나누었기 때문이다. 내가 누굴 좋아하느냐는 중요하지 않다. 내가 해야 할 일이 중요하다. 나는 감정을 가라앉혀야 했다. 파트너는 장부를 관리하는 사람이었기 때문에 회사의 문제를 해결하려면 그와 함께 일해야만 했다.

내가 얼마나 속상한지 한 친구가 물었고, 나는 이렇게 대답했다. "있잖아, 6.9 정도는 그렇게 날 괴롭히지 않지만 100은 정말로 힘드네."

농담식으로 하는 말도 그때가 마지막이었다. 이후로는 거의 매일 아침마다 일어나면 구토부터 시작했다.

그 무렵 아버지가 사업을 접으셨고, 나는 자라면서 배운 대로 아버지를 부양했다. 아버지에게 전화를 걸어서 나에게 일어난 일을 말씀드렸다.

"그런데요, 아버지. 이 일을 계속할 수 있을지 잘 모르겠어요. 내가 가진 것보다 몇백만 달러 더 빚을 졌거든요. 한 명당 400만 달러의 빚이 있어요. 그게 큰 문제예요."

내 말을 들은 아버지는 이렇게 말씀하셨다. "아니, 그건 네 문제가 아냐. 그 사람 문제지."

아버지의 말씀에는 대단한 통찰이 담겨 있었다. 그 직후 한 남자가 독이 올라 내게 고함을 질렀을 때 나는 약자의 위치가 가진 힘을 깨달았다. 나는 그에게 고함지르지 말라고 맞받아치면서, 어차피 이판사판이니 윽박질러도 소용이 없다고 쏘아붙였다. 그게 통했다.

우리는 수습 방안을 결정했다. 다행히도 내 거래는 잘되고 있었기 때문에 적지만 빚을 갚는 데 쓸 약간의 현금은 마련할 수 있었다. 우리가 진 빚의 크기에 비하면 빙산의 일각이었지만 말이다. 이걸 기억하기 바란다. 만약 당신이 누군가에게 빚을 지면, 일단 가진 것을 현금으로 내놓은 다음에 나머지는 다시 협상할 수 있다. 사람들은 나중에 한 푼도 못 건지는 것보다는 지금 당장 절반이라도 받길 원할 수도 있다. 우리가 빚을 진 세 군데의 매우 큰 금융회사 중 두 군데는 우리와 협상을 했다.

협상을 하면서 금융회사들을 묶어놓고 있는 동안, 내가 유지하고 있던 은과 금의 매수 포지션 수익이 매우 좋았다. 금융회사들과의 협상은 꽤 좋게 결론이 났다. 만약 우리 돈의 두 배를 잃는 것을 '좋다'고 할 수 있다면 말이다. 하지만 적어도 우리는 그런 협상이 없었다면 일어났을, 가진 것보다 3~4배를 잃는 손실을 입지는 않았다.

금융회사와의 문제를 일단락지은 후 사이먼과 나는 우리 투자자들을 한 명씩 만나러 갔다. 투자자 100명 중 98명이 우리를 만나는 데 동의했다. 투자자를 만나서 우리는 손실을 최대한 줄이기 위해 어떤 노력을 했는지 설명했다. 이어 그들이 약속했던 증거금의 3분의 1(그들이 원래 투자했던 금액의 두 배)을 내달라고 '결국' 요청해야 했다. 그래야 우리 회사가 계속 투자를 해서 투자자들에게 돈을 되돌려줄 수 있기 때문이다. 두 명만 빼고 모든 투자자가 동의했다.

나는 소송을 당하지 않으려고 변호사, 회계사 및 투자자들과 손잡고 채권자들을 막아두었다. 연간 1,000만 달러 정도를 버는 우리 투자자를 만나기 위해 캘리포니아에도 갔다. 그는 전원 지역에 엄청나게 큰 땅과 많은 일꾼을 거느리고 있었다. 우리가 돈을 더 내달라고 부탁하자 그는 나를 빤히 보더니 이렇게 말했다.

"배짱 한번 두둑하시네. 여기 와서 100만 달러를 더 내놓으라는 사람이 있으면, 보통 나는 사나운 개들을 풀어놓지요. 돈을 주진 않겠지만, 그렇다고 당신들에게 개를 풀지는 않겠소."

이 무렵 미국 국세청IRS이 우리 회사와 일했던 한 트레이더를 조사하기 시작했다. 알아보니 우리 회사는 그의 가장 큰 고객이었다. 앞서 말했듯이 우리의 절세 수단은 합법적이었고, 그런 방안을 구축할 때 변호사들에게 비용을 지불하고 그 절세 방법이 합법적인 이유를 설명하는 세금 의견서를 받아두었다. 내가 경계선에 가까이 갔을지는 모르지만, 결코 선을 넘지 않았고 불법은 조금도 저지르지 않았다. 그 트레이더가 무슨 잘못을 저질렀는지 나는 몰랐다. 하지만 연방수사관이 수사에 착수하면 친구든 고객이든 모두 고발한다는 사실은 익히 알고 있었다. 그가 어떤 식으로든 나를 걸고넘어질까 봐 무서웠다. 그러면 나는 감옥에 가게 될 것이다.

아내 시빌에게 이 이야기를 해야 했다. 그녀는 첫 아기를 임신한 상태였는데, 우리에게 돈이 없다는 사실을 얼마 전에 알았다. 그런 아내에게 이제는 감옥에 가게 될지도 모른다는 말을 해야 했다.

아내는 가만히 듣고 있었다. 그러더니 차분한 영국식 매너로 이렇게 말했다. "당신 같은 사람들은 늘 대책이 있잖아요."

아내는 뒤돌아서 위층으로 올라갔다. 그 사안에 대해 아내가 한 말은 그게 전부였다.

아내 말이 옳았다. 나는 일자리를 얻은 다음에, 이 모든 일을 엉망인 상태로 내버려둘 수도 있었다. 하지만 그 대신에 나는 대책을 내놓았다. 빚이 얼마인지 살펴보고 다시 돌아가서 내가 정말로 좋아하는 일을 했다. 나는 더는 사람을 신뢰할 수 없었고, 인간의 재량을 완전히 배제하는 향상된 트레이딩 시스템을 고안하고 싶었다. 그래서 정신을 차리고 전부 다시 시작하기로 결심했다. 이런 근성을 타고난 사람도 있고, 경험을 통해 기른 사람도 있다. 어쨌든 만약 당신이 투자를 하든 또는 인생에서 큰 무언가를 하려고 한다면, 정신을 차리고 일어나서 다시 강하게 나서야 한다. 내 인생이 성공한 한 가지 요인이 있다면, 바로 이 근성이다. 하지만 솔직히 말해, 이번에는 인생 최대의 고비였다. 어떻게든 나는 재기해야 했다. 그래서 새로운 계획을 짜기 시작했다.

2부

민트 펀드,
시장의 마법사들
그리고
규칙대로 살기

민트를 설립하다:
당신이 어디에서 게임을 하고 있는지를 알라

나는 대단한 아이디어가 있었지만 파산했고 돈이 필요했다. 다행히도 캘리포니아의 한 고객에게 세금 부담을 줄여주는 전략을 도와주는 일거리가 들어왔다. 이 일로 내가 받는 돈은 10만 달러였다. 얼마 동안은 가족의 생활비와 내 사업 경비를 대기에 충분했다(나는 항상 알뜰한 편이었다). 정확히 얼마나 오래 그 일을 할 수 있을지는 몰랐다. 나는 한동안 수익이 없는 활동으로 바빴다. 내 파트너가 저지른 문제를 해결하고 새로운 사업을 벌였기 때문이다.

내 목표는 매매 결정에 사람의 감정을 배제하고, 정해진 규칙에 따라 온전히 통계적인 방법을 이용하는 과학적인 트레이딩 시스템을 고안하는 것이었다. 그러자면 모형을 만들어 나의 모든 아이디어를 엄격하게 시험해줄 전문 교육을 받은 새로운 파트너가 필요했다. 내 친구 한 명이 자기 처남인 피터 매튜스Peter Matthews를 소개해주었다. 당시 20대 후반이었던 그는 아메리칸대학American University에서 박사학위를 마치는 중이었다. 피터는 연방정부에 컨설팅 일을 해주고 있었지만 선물 거래에 관심이 있었다. 그가 뉴워크의 내 사무실에 면접을 보러 왔을 때, 더 이상 인간의 개입을 신뢰할 수 없었던 나는 돈을 벌어줄 자동화된 시스템을 고안해줄 사람을 찾고 있다고 말했다. 그리고 비록 급여를 줄 돈은 없지만 이 사업에 참여해 달라고 설득했다. "만약 그 일이 성공하면 자네는 나와 파트너가 되어 수익을 나누게 될 것이네."

그는 매우 똑똑했고 이런 종류의 위험을 질 수 있는 나이였다. 그는 좋다고 했다.

자동화 트레이딩 시스템 개발은 1980년 무렵만 해도 엄청난 도전이었다. 당시 우리 외에 이것에 도전하는 사람은 없었다(하지만 지금은 에드 세이코타 등이 1970년대에 시작했다는 사실을 알고 있다). 참고할 만한 책이나 지침서가 없었다. 또한 우리는 막대한 양의 데이터를 처리할 수 있는 대형 컴퓨터에 접속할 방안도 찾아야 했다.

　이런 힘겨운 여건에도 피터는 추세추종 트레이딩 방법을 설계하기 시작했다. 수많은 상품에 걸쳐 가격이동평균값을 모니터링하고, 상승 추세를 확인하고, 그런 추세가 지속될 승산을 계산했다. 그리고 위험이 너무 큰 거래를 걸러내고, 특정 조건이 일치했을 때 자동으로 매수/매도 행동을 일으키는 알고리즘을 작성했다. 그때만 해도 무척이나 지루한 일이었다(지금은 휴대전화기로도 할 수 있다). 피터는 밤에 아메리칸대학의 컴퓨터를 이용했지만, 진척은 더뎠다. 힘겨운 그의 노력에는 컴퓨터 계산을 손으로 확인하는 일도 포함되었다. 나로서는 이게 될까 싶은 순간들도 많았다!

　나는 처음부터 우리의 시스템이 어떤 시장을 대상으로 하든지 무관하게 작동하기를 원했다. 당시로서는 유례없던 관점이었지만, 삼겹살에서부터 옥수수 그리고 커피로 종목을 옮겨다닌 이후로 줄곧 나는 인간의 행동은 특정 시장과 무관하게 다소 엇비슷하다고 믿게 되었다. 게다가 아주 많은 유형의 시장에서 트레이딩을 하면, 분산 효과가 매우 커져서 위험 관리가 용이하다. 또한 우리는 헤징 규칙도 세웠다. 과도한 손실로부터 보호하기 위해 매수와 매도 포지션을 구사하는 체계적인 규칙이었다.

1년간의 뼈를 깎는 설계 과정을 마친 후, 피터는 20대 초반의 뛰어난 컴퓨터 프로그래머인 마이클 델먼Michael Delman을 데려왔다(그는 처음에는 컨설턴트 자격으로 우리와 일했지만 나중에는 주니어 파트너(junior partner, 사업에 관여하는 정도, 책임, 보상 등이 일반적인 파트너보다 낮은 파트너)가 되었다). 마이클은 금융에 문외한이었지만, 그건 중요하지 않았다. 그의 일은 피터의 모형을 검증하여 더 큰 규모에서도 작동하는지 알아보는 것이었다. 이를 위해서는 막대한 조합의 과거 트레이딩 데이터를 입력해야 했다. 그래야 우리 모형을 실행하여 그것이 과거의 일정 기간 동안(한 달뿐 아니라 일 년까지도, 또한 수천 가지의 상이한 시장과 시간 간격에 걸쳐서) 어떤 성과를 낼지 알아볼 수 있었다.

하지만 분명 과거에 무언가가 옳았다고 미래에도 그게 옳다는 뜻은 아니다. 역사적 검증은 결점이 있다. 그렇기는 해도 그런 시뮬레이션이 매우 소중한 까닭은 현실의 시장 조건을 이용하기 때문에 우리가 사무실에서 짐작하는 가상 시나리오보다 훨씬 더 나은 정보를 주었다. 그 결과 우리는 그 시스템이 옳다는 걸 과학적으로 입증했다. 우리의 트레이딩 시스템이 통했던 것이다.

계속해서 우리는 시스템을 진화시키고 수정해나갔다. 예를 들어 우리 시스템 실적의 척도로 다양한 보유 기간Holding Period 을 검증했다. 우리가 보기에 연(年) 단위의 실적 평가는 기준이 임의적인 것처럼 생각됐다. 그래서 피터와 마이클은 다양한 시간 간격을 설정해 수익성과 승산을 수량화했다. 우리의 시뮬레이션에 따르면 6개월 보유 기간의 경우 90퍼센트, 12개월 보유 기간의 경우 97퍼센트 그리고 18개월 보유 기간의 경우 100퍼센트가 수익이 났다.

이 결정적인 모든 막후 과정을 거친 후 우리는 민트 인베스트먼트를 설립했다. 그리고 1981년 4월, 트레이딩을 시작했다.

런던: 위기와 기회를 마주한 곳
—

민트는 위기에서 탄생했지만, 사실은 새 중개인을 찾기 위해 1981년 런던을 방문했을 때 우연히 생긴 것이기도 하다. 왜 런던이었을까? 미국에서 회사를 운영하기에는 비용이 많이 들었기 때문이다. 당시 미국은 전 세계에서 금리가 가장 높았다. 변호사, 투자은행 그리고 중개사들이 받는 수수료도 비쌌다. 그리고 1981년에 새로운 법이 시행되면서 내가 오랫동안 사용하던 절세 방안은 무용지물이 되었다. 게다가 다른 나라들은 미국보다 선물 거래에 더 유리했다. 국제 금융 거래가 시작되던 바로 그 무렵에 런던은 국제 금융시장의 새로운 관문이었다. 나는 그 문을 두드리기 위해 런던으로 간 것이다.

먼저 한 중개인을 만나 위탁 계약을 맺으려고 시도했다. 고객을 보낼 테니 내 수수료를 보장해줄 수 있는지 물었다. 그는 단박에 거절했다. 정말 짧은 회의였다. 그의 사무실을 나오면서 대기실에 잠시 들러, 내가 예전에 읽은 적이 있던 잡지를 집어 들었다. 내가 아는 상품선물 거래 회사의 광고가 실려 있었고, 그 페이지만 따로 찢어서 주머니에 넣었다. 그리고 전화를 걸어 데이비드 앤더슨David Anderson이라는 사람과 통화를 했는데, 내가 만나자고 제안하자 그는 좋다고 했다.

그 순간을 되돌아보면 재미있다. 내가 만약 실패에 익숙하지 않은 사람이었다면, 아마 그 중개인에게 거절당하고 나서 곧장 사무실을 나왔을 것이다. 하지만 산전수전 다 겪은 사람답게 나는 즉시 다음 행동을 생각했다. 그래서 광고 페이지를 찢은 것이다. 여러 면에서 볼 때 그 사소한 행동도 추세추종의 일환이었다. 즉 한 추세가 끝났다면 거기 매달리지 말고 곧바로 빠져나와서 다음 기회를 찾는다. 또는 낭만적인 비유를 들자면, 나쁜 데이트를 한 번 했다고 해서 데이트를 아예 포기하고 독신주의자가 되겠는가?

데이비드 앤더슨과의 통화가 내 인생을 바꾸었다. 그는 런던 선물 거래계의 리더였다. 또한 엘리트 글로벌 상품 무역 및 거래 회사인 ED&F 맨과도 관련이 있었다. 앤더슨과 그 회사는 그즈음에 합작 벤처 회사인 앤더슨 맨 유한회사Anderson Man Limited를 설립했다. 그게 맨이 상품선물시장에 뛰어든 첫 단계였고, 앤더슨이 그 문을 열도록 도와주었다. 앤더슨은 또한 내 파트너와 나를 위해서도 문을 열어주었다.

우리는 맨과 '자문' 관계를 맺었고, 전 세계 수십 개 시장에서 우리의 트레이딩 시스템을 운영했다. 우리는 미국에 있는 사무실에서도 사업을 수행했는데, 이때 검증을 마친 자동화된 통계 시스템을 이용했다. 그 시스템이 권고안을 내놓으면 우리는 어떻게 거래할지를 맨에 알렸고, 맨은 런던에서 거래를 실행했다.

파트너의 능력과 나의 능력은 서로 절묘하게 보완되었다. 나는 아이디어를 내는 사람이면서도 밖으로 나가서 계약까지 따냈다. 마이클은 내가 한 주에 20개나 아이디어를 쏟아낸 적도 있다고 말했다. 피터는 트레이딩 프로그램을 관리하고 분석 업무를 실행하는 통계 처리 능력이 뛰어났다. 마이클은 컴퓨터 관련 일을 전부 실행했으며 모든 것이 제때 처리되도록 만전을 기했다. 첫 해와 다음 해에 우리는 연간 20퍼센트 이상의 수익을 올렸다. 그러자 사람들이 주목하기 시작했다. 하지만 아직은 내가 원하는, 그리고 내게 필요한 수준의 사업 궤도에 오르지는 못했다. 처음에 우리의 자금 운용 스타일을 설득시키는 것도 어려웠다. 민트 설립 초기 몇 년 동안 대다수 사람이 나와는 말도 하지 않으려고 했다. 더군다나 우리가 커피와 금을 똑같은 방식으로 거래한다고 설명하면, 사람들은 더 이상 통화를 원치 않았다. 때로는 먼저 전화를 끊어버리기도 했다.

오늘날에는 체계적인 트레이딩이 인정받지만, 당시만 해도 그런 방식은 대중들이 잘 몰랐기 때문에 신뢰하지 않았고 원하지도 않았다. 실패에 익숙한 난독증 아이였던 나답게 '내가 신경 쓸 게 뭐란 말인가?'라고 생각했다. 나는 그냥 마음을 가다듬고 다음 전화번호를 눌렀고, 다음 기회를 찾았다.

ED&F 맨은 자금력, 평판 그리고 국제적으로 연줄이 대단했다. 1893년 나는 그곳 회장을 만나서 민트의 지분을 사달라고 요청했다. 회장은 내켜하지 않았다. 맨은 특별한 고급 엘리트 문화를 지니고 있었다. 그 회사는 18세기에 설립된 설탕 거래 업체로 약 200년 동안 영국 해군을 상대로 사업을 해왔다. 세계에서 가장 오래된 상품 거래 회사로서, 유럽에서부터 콩고에 이르기까지 전 세계에 있는 수많은 지점에서 온갖 거래를 중개했다. 맨의 고객사들은 주로 거대 제조회사들과 각국 정부였다.

이와 달리 작은 회사인 민트는 상품거래자문사였다. 즉 우리는 그 당시로서는 낯설었던 (그리고 맨의 회장이 보기에 조금 부적절한) 기법들로 개별 투자자에게 매수와 매도 및 헤징을 자문해 주는 회사였다. 또한 회장과 그 회사 임원들은 컴퓨터화된 방법이 인간의 판단보다 더 나을 수 있다는 것을 믿기 어려워했다. 그렇기는 해도 맨은 선물시장에 뛰어들길 원했고, 나는 회장에게 거절하기 어려운 세 가지 제안을 했다. 5년 동안 나와 내 파트너들에게 급여를 주는 대가로 민트의 지분 50퍼센트, 우리의 컴퓨터 시스템에 무료로 접속할 권리 그리고 초기 사업비용을 위한 500만 달러의 대출 한도액이었다.

우리로서는 큰 계약이었다. 왜냐하면 맨은 나로서는 접근하기 힘든 은행 연줄과 돈, 컴퓨터를 갖고 있었기 때문이다. 맨으로서도 좋은 계약이었는데, 급속하게 성장하는 분야에서 큰돈을 벌 기회를 잡을 수 있기 때문이다. 도약하고 있는 상품 선물시장에서 거래하면서 위험을 관리할 합법적인 전략을 가진 업체가 드문 상황이었다. 회장은 나의 제안을 받아들였고, 우리는 다시 도약할 기회를 얻게 되었다.

◆ ◆ ◆

　사업을 어디서 할지, 그리고 언제 할지 당신은 늘 알아야 한다. 여러 면에서 영국은 나에게는 최상의 장소였다. 비행기를 타고 영국을 자주 가다 보니 문화인류학자가 다 되었다. 나는 생각했다. '미국인이나 영국인이나 모두 영어를 쓴다. 이제 관건은 영국 언어의 속뜻을 알아내야 한다.' 영국에서 터득한 바로는 가끔씩 내 영국인 동료들이 한 말은 내가 예상하는 것과 정반대의 뜻이었다(영국 여자와 결혼한 건 많은 준비가 필요하지 않았다. 그녀는 매우 진실했고 내 영국인 동료들과는 달랐다. 다른 부류의 여자였다).

　현지 사정에 익숙해지면서 나는 맨에서 일하는 사람들을 좋아하게 되었다. 예의가 발랐으며, 일부는 내가 이제껏 함께 일한 사람들 중에서 가장 똑똑했다. 여러 면에서 나에게 잘 맞는 곳이었다. 당시 영국에는 반유대주의가 널리 퍼져 있었지만, 맨에서는 덜 했다. 게다가 내 능력을 본 후 맨에서는 반유대인 정서가 거의 사라졌다. 그리고 영국에 있는 내 동료들은 정말로 돈을 벌고 싶어 했다.

　나는 브루클린 출신이다 보니 그쪽 사람들보다는 약간 거칠었다. 한 번은 크고 긴 탁자가 놓인 회의실에 있었는데, 그곳은 중개회사였기에 사방에 전화기가 놓여 있었다. 나는 그

나라의 대형 거래소, 아마 코코아 거래소를 대변하는 변호사와 회의를 하고 있었던 것 같다. 영국인 기질이 아주 센 변호사였다. 나는 어떤 규칙 하나를 바꾸려고 그를 설득하는 중이었다. 나는 강하게 밀어붙이며 이렇게 말했다.

"그렇게 하면 모두에게 이득이 될 겁니다."

"글쎄요, 제가 여기저기에 서신을 보내서….'

나는 앞뒤 가리지 않고 다짜고짜 손을 뻗어 전화기를 잡은 다음에 수화기를 건네며 이렇게 말했다. "전화로 하세요."

영국인은 결코 그렇게 하지 않는다. 브루클린 출신은 매우 단도직입적일 수 있다. 하지만 나는 이 보수적인 동료들이 편안하게 느끼도록 때로는 물러서기도 했다. 그런 이유로 앞서 내가 사업을 어디서 할지, 그리고 언제 할지를 알아야 한다고 말한 것이다. 다른 문화에 속한 사람들의 규칙과 관점을 이해해야 한다. 그 장소에 적응하면 당신은 승산을 높일 수 있다.

그곳 사람들이 좋긴 했지만, 얽히고설킨 인간관계는 결코 마음에 들지 않았다. 만약 당신도 그렇다면, 특히 당신이 일하는 장소에서 관계 맺기의 규칙에 유념해야 한다. 그런 규칙을 당신에게 유리하도록 이용하는 것은 당신의 몫이다.

맨은 현금으로 돌아가는 상품 회사였기 때문에 대출에 크게 의존했다. 그래서 은행원들과 사이가 좋았으며 전직 은행원들 다수를 고위직에 고용했다. 이런 점이 민트에게 큰 기회를 열어주었다. 맨을 통해 나는 중동, 유럽, 호주 및 일본에서 (기본적으로 전 세계에 걸쳐) 사업을 할 수 있었다. 그래도 사람들에게 우리의 트레이딩 시스템을 확신시키려면 얼마간의 설득이 필요했다.

호주의 한 존경받는 오래된 금융 회사와 회의를 한 적이 있는데, 그곳에서는 우리와 같은 방식으로 펀드를 운영하지 않았다. 나는 우리 시스템이 어떻게 작동하는지 설명한 다음에 우리를 위해 채권을 보유하고 그 채권을 보증해달라고 부탁했다. 일반적인 경우 거래를 마치면 상대방 회사는 수수료를 챙기고 그걸로 끝이다. 서로 고용 관계가 아니기 때문이다. 하지만 나는 상대방 회사에게 만약 우리와 함께 일한다면 그들은 보증을 서준 대가로 돈을 받을 것이며, 거래를 통해 단 한 번의 수수료를 받는 대신에 지속적으로 돈을 받을 것이라고 했다. 이 방법으로 그들의 관심을 끌었다.

1988년이 되자 우리는 1981년에 회사를 설립한 이후 연평균 복리수익률이 30퍼센트를 넘었다. 이 기간 동안 우리의 최고 수익은 (주식시장이 붕괴했던 해인 1987년) 60퍼센트 성장이었고, 최악의 해는 13퍼센트 성장이었다. 그 무렵 우리는 경제지에서 큰 주목을 받고 있었다. 1986년에는 〈비지니스위크

Businessweek〉에서 '최고' 상을 받았다. 잭 슈웨거는 1989년에 출간된 자신의 책《시장의 마법사들》에서 나를 소개했다.

나는 콩코드기를 타고 뉴욕에서 런던까지 3시간 반 비행을 하는 게 일상이 되었다. 일요일 밤을 비행기 안에서 일하며 보냈고, 주중에는 유럽에 있었다. 그런 다음에 금요일 오후에 다시 콩코드기를 타고 집으로 돌아와 아내와 아이들을 보았다. 워낙 비행기를 많이 타서인지 어느 해에는 항공사로부터 조종사의 가죽 재킷을 선물로 받기도 했다. 1990년, 회사를 설립한 지 10년도 채 안 돼서 우리가 관리하는 자금의 규모는 10억 달러에 달했고, 전 세계에서 가장 큰 헤지펀드가 되었다.

비대칭적인 레버리지와 원금 보장 펀드: 우리의 성공 공식

—

우리의 성공을 견인한 가장 큰 원동력은 내가 비대칭적 레버리지Asymmetrical Leverage, AL라고 명명한 리스크 관리 개념이었다. 비대칭적 레버리지는 내가 부자가 된 방법이자, 당신도 부자가 될 수 있는 방법이다. 핵심을 말하자면, 리스크의 정도와 수익의 정도는 가중치가 매우 다르다는 개념이다. 내가 좋아하는 방식으로 표현하면 푼돈을 걸어서 거금을 벌 수 있다는 뜻이다. 비대칭적 레버리지는 약자의 위치에 있는 사람이나 기관에 특히 중요할 수 있다(다윗과 골리앗의 경우를 생각해보라).

이 비대칭 개념의 엄청난 아이디어는 런던에서의 한 칵테일파티에서 나왔다. 로드 스탠리 핑크Lord Stanley Fink(나중에 맨 그룹의 CEO가 된다), 데이비드 앤더슨 그리고 맨의 다른 임원들은 사교에 뛰어나서 (투자할 돈을 가진) 알맞은 사람들을 잘 찾아냈다. 어느 날 밤 맨 그룹이 후원하는 한 행사에서 나는 그들과 함께 참석해서 한 남자와 대화를 나누기 시작했다. 알고 보니 그는 알짜배기 고액 자산가였다.

그는 내게 이렇게 말했다.

"수익률이 대단하시더군요. 하지만 내 매니저도 엇비슷한 수익을 내는데 수수료가 더 적습니다. 당신네 회사는 관리 수수료 2퍼센트에 수익의 20퍼센트를 받더군요. 내 매니저는 관리 수수료 없이 수익의 20퍼센트만 받습니다. 내가 왜 당신네 회사에 투자해야 합니까?"

집으로 돌아와 그의 말을 되짚어보았다. 일리 있는 말이었다. 나는 스스로에게 물었다.

"어떻게 하면 더 많은 투자자를 민트로 불러올 수 있을까?"

그때가 1985년이었는데, 그 무렵 나는 두 아이와 집이 있었다. 맨이 전체 수익의 50퍼센트를 가져갔고, 나머지 수익은 나와 다른 파트너들이 나눠 가졌다. 발전을 꾀할 대책이 필요했다.

나는 파트너들과 '무손실' 펀드라는 아이디어를 논의했다. 만약 내가 한 투자자의 돈 중 60퍼센트를 받아서, 그걸 완벽하게 안전할 뿐만 아니라 약 5년 후에 두 배로 늘어나는 무이표 Zero Coupon 5년 만기 미국 국채에 넣어둔다면 어떻게 될까(앞서 말했듯이, 그때는 금리가 매우 높았던 1980년대였다)?

그다음에는 그 투자자의 나머지 돈 40퍼센트를 받아서 우리의 트레이딩 프로그램에 넣는다. 트레이딩 시스템에서 모든 걸 잃는 최악의 상황이 되더라도 우리는 여전히 5년 이내에 원금 전부를 되돌려 받는다(그걸로 우리의 관리 수수료도 충당된다). 달리 말해서, 우리는 투자자에게 이렇게 말할 수 있다. 지금 100만 달러를 우리에게 맡기면 5년 후에 최소한 100만 달러를 받는 것은 보장이 된다고 말이다. 투자자가 잃는 것은 맡긴 돈의 시간 가치뿐이다. 하지만 벌 수 있는 것은 막대한 수익이다. 왜냐하면 우리의 트레이딩 시스템은 해마다 엄청난 결과를 내놓고 있었기 때문이다. 우리는 그것을 '민트 원금 보장 펀드'라고 불렀다.

그 펀드를 처음 알릴 때부터 〈뉴욕타임스〉 등에서 크게 홍

보해주었다. 어떤 보도에서는 너무 좋아서 믿기 어렵다고도 했다. 예를 들어 영국의 한 주요 신문 기자는 우리의 펀드를 조롱하면서, 동일한 신문의 면에 폰지 사기에 대한 기사를 실었다. 우리 펀드에 대한 기자의 의향은 명백했다(맨의 임원들은 명예훼손으로 신문사를 고소하려고 하다가 대신에 편집자를 점심식사에 초대해 껄끄러운 분위기를 해소했다). 그런데도 이 원금 보장 펀드는 흥행했고, 우리는 첫 해에 7,500만 달러를 모았다.

나는 늘 비대칭적 기회를 찾는데, 당신도 삶의 모든 측면에서 그렇게 하기를 권한다. 합병을 통해 민트를 ED&F 맨에 팔았을 때, 나는 비대칭적 레버리지를 제공한 셈이었다. 하지만 당시에는 그 이름으로 부르지 않았다. 몇 년 후 맨 그룹의 파트너들을 위해 백서를 써서 우리가 했던 일을 철학적·금융적 관점에서 설명했다. 지금 이 책에서 밝히기 전까지 이러한 분석을 읽은 사람은 몇몇 파트너 외에는 없다. 백서에서 나는 민트와 맨 그룹 합병의 비대칭적 레버리지의 바탕을 이루는 원리를 요약했다.

다음은 간략한 발췌문이다.

비대칭적 레버리지는 상응하는 리스크 없이 종래의 레버리지 혜택을 제공한다는 점에서 독특하다….

맨의 민트 인수는 양측 모두에게 좋은 비대칭적 레버리지 사례다. 맨은 당시에 자산이 1억 달러가 넘었고 위험은 고작 75만 달러에 불과했는데, 이는 맨의 순자산에 비하면 낮은 비율이었다. 그들은 민트의 지분 50퍼센트를 얻으면서도 75만 달러를 잃을 위험은 5퍼센트 미만이었다. 따라서 실제 위험은 4만 달러에 불과했으며, 여러 다양한 통계적 증거에 의하면 맨이 손실을 잃을 가능성은 없었다. 하이트, 델먼 그리고 매튜스HMD 쪽에서도 최상의 비대칭적 레버리지 요소들을 얻었다. 시간과 돈이 그것이다. 우리는 5년의 시간을 얻었을 뿐만 아니라, 우리의 계좌에 사용할 수 있는 수백만 달러의 돈과 더불어 절대적인 소득최저선Income Floor을 보장받았다.

초기의 파트너십을 떠받친 구조적 요소들은 다음과 같다.

1. 트레이딩 위험에 대해 미리 결정된 확률
2. 선물 증거금이 국채 이자를 충당했고, 맨이 저금리로 자금을 빌릴 수 있어서 금융비용이 저렴했다는 사실

이는 우리의 원금 보장 펀드를 성공시킨 것과 동일한 요소들이다. 이런 요소들 덕분에, 첫 원금 보장 펀드를 출시

했을 때 200만 달러의 운용 자금 중 우리가 지는 위험은 25만 달러뿐이었다. 결국 그 펀드를 통해 그해 말에 우리는 5,000만 달러 이상을 벌었다. 이로써 우리는 당시 운용 자금의 12.5퍼센트였던 25만 달러 초기 투자금의 40배에 달하는 수익을 거두게 되었다.

내가 이 백서를 쓴 이유는 비대칭적 레버리지를 이용하는 새로운 전략에 파트너들이 구미가 당기게 하기 위해서였다. 그 일환으로 많은 사례를 들었는데, 예를 들어 민트가 중동의 금융기관과 벌인 일이다. 우리는 기관투자자들을 대상으로 한 1,500만 달러 규모의 포트폴리오를 구성했는데, 이는 민트의 자금에는 아무런 위험 없이 한 달에 그 포트폴리오에서 23퍼센트 수익을 올리는 방안이었다.

그때 이후로 내가 터득한 다음 세 가지 구성 요소가 비대칭적 레버리지의 비밀스러운 원천이다. 이 세 가지 요소 덕분에 민트는 세계 최대의 상품거래자문사가 될 수 있었다. 누구라도 이 구성 요소들을 이해하면 다양한 사업, 투자, 정책 및 인생의 상황에 응용할 수 있다.

첫 번째 구성 요소: 시간

—

살다 보면 더 빨리 움직일수록 더 나을 때가 (늘 그런 건 아니지만) 종종 있다. 하지만 최상의 기회인지를 확인할 시간을 가져야 승산을 높일 수 있다. 앞에서도 이야기했지만, 비대칭적 레버리지의 한 요소인 시간이 얼마나 위력적인지 좀 더 자세히 살펴보자. 원금 보장 펀드로 우리는 투자자들이 5년을 기다리게 만들었다. 시간은 돈을 불리는 데 특히 강력한 레버리지의 한 형태이다. 시간이 있으면, 우리는 채권 만기 그리고 꽤 긴 기간 동안의 트레이딩 기회 이점을 활용할 수 있다. 5년이 비교적 긴 시간이긴 하지만, 투자자들은 우리가 반대급부로 제시한 것(즉 위험이 없는 환상적인 투자 수익) 때문에 그 시간을 우리에게 기꺼이 내주었다.

두 번째 구성 요소: 지식

—

승산을 모른다면 똑똑한 베팅을 할 수 없다. 만약 지금까지 이 책을 읽은 독자라면 어떤 결정을 내리든 승산을 아는 것이 중요하다는 데 공감할 것이다. 하지만 게임 자체를 아는 것도 중요하다. 나는 10년간의 트레이딩 경험에서 얻은 지식을 민트 사업에 활용했다. 또한 다른 트레이더들이 아직 사용하지 않던 통계와 컴퓨터에 관한 핵심적인 지식을 제공한 총명한 파트너들을 데려왔다. 그들이 없었다면 민트도 없었을 것이다. 신뢰의 중요성을 뼈저리게 느낀 계기였다.

지식이 뒷받침된 비대칭적 레버리지의 가장 훌륭한 (그리고 가장 유명한) 예는 빌리 빈Billy Beane이 단장을 맡았을 때의 오클랜드 애슬레틱스 야구단 성공 스토리다. 마이클 루이스Michael Lewis의 책 《머니볼Moneyball》과 브래드 피트가 주연을 맡은 동명의 영화에도 나오는 이야기다. 빈이 1997년에 애슬레틱스의 단장을 맡았을 때만 해도 그곳은 최약체 팀이었다. 선수들 급여 수준도 최하위권이었다.

그때까지만 해도 대다수의 야구 스카우터는 주관적인 기준에 따라 선수들을 선발했다. 그들은 여러 자질이 조합된 선수를 물색했다. 예를 들어 '얼굴(즉 미남 외모)', 시속 160km '강속구' 또는 '치는 족족 안타' 같은 능력을 지닌 선수들을 찾았다. 하지만 빈은 그게 모두 쓸모없다고 생각했다. 대신 그는 수치로 실력을 측정하고 통계적인 방법으로 선수를 영입하여 야구계에 혁신을 일으켰다.

빈이 내린 가장 중요한 결정은 하버드대학 경제학 학위를 가진 폴 디포데스타Paul Depodesta를 부단장으로 고용한 일이었다. 빈과 폴은 선수 실력 분석을 위해 세이버메트릭스Sabermetrics (컴퓨터를 이용한 야구 데이터 분석)라는 분석 원리를 도입했다. 다른 팀들이 눈여겨보지 않고 낮은 연봉에 계약되는 인기 없는 선수들이 의외로 쓸모 있는 능력을 보유하고 있는 경우가 많았다. 출루를 잘하는 능력이나, 종종 삼진을 당하든 말든 장타를 치는 능력이 그런 예다. 애슬레틱스 구단은 비싼 자유계약 선수들을 거느린 다른 팀을 능가하기 위해, 평균 출루율과 장타율이 높은 선수들을 지속적으로 영입했다. 분석 자료에 의하면, 몸값이 크게 차이 나는 두 선수라도 실적은 엇비슷할 수 있다. 그것이 바로 빈의 비대칭적 레버리지였다.

관습에서 벗어난 지식을 활용한 덕분에 빈은 '모두가 주관적인 결정을 내리는 업계에서 합리적이고 객관적인 결정'을 내릴 수 있었다. 오클랜드 애슬레틱스는 1999년에서 2014년까지 플레이오프에 8번 진출했다. 낮은 몸값의 선수들로 이루어진 야구단이었지만 훌륭한 지식을 활용한 덕분에 가능한 업적이었다.

오늘날 모든 야구팀 그리고 심지어 미국 프로농구NBA도 이 분석 방법을 도입했다. 그 결과, 빈의 비대칭적 레버리지는 다른 팀들도 비슷한 전략을 사용하는 바람에 약해지고 말았다.

하지만 그가 일으킨 숫자 혁명은 약해지지 않았다.

이후 빈은 다른 방식으로 비대칭적 레버리지를 활용했다. 한 투수가 9이닝 중 7~8이닝을 던지는 전통적인 투수 운용 방식에 의문을 품기 시작한 것이다. 선발투수가 심각한 부상에 시달리고, 미국 전역에서 선발투수의 인재 풀이 비교적 얇은 데다, 투수를 영입하는 데 비용이 막대하게 드는 야구계의 고질적인 문제 때문에 야구단들은 새로운 투수 활용 모델을 도입하려고 하고 있었다. 그것은 선발투수의 팔을 보호하기 위해 한 투수의 투구수를 경기당 100개 미만으로 제한하는 것이었다. 면밀한 의학적 조사도 이 방향을 지지했다.

빈과 다른 몇몇 경영진도 이것이 장기적인 추세여서 앞으로 바뀔 가능성이 높음을 인식했다. 그리고 빈은 더 많은 구원투수와 뛰어난 능력을 가진 '백엔드Back End' 투수진 확보에 투자했다. 오랫동안 내려오는 야구 전통상 구원투수는 선발투수나 '에이스'보다 위상이나 가치가 낮았기 때문에 연봉도 낮았다. 데이터 분석에 대한 지식으로 야구에 대해 정서적으로 거리를 두는 관점 덕분에 빈은 새로운 비대칭적 레버리지를 얻었다. 그는 선발투수에 비용을 덜 쓰고 최상급 구원투수에 더 많은 돈을 투자했다. 이로써 구원투수는 이전보다 경기에 훨씬 더 큰 역할을 하게 되었다.

애슬레틱스는 야구 역사에 최상의 이야기들을 계속 써내려가고 있는데, 이는 아무도 이용하지 않던 독특한 유형의 지식과 전략을 레버리지로 활용하는 관리 방법 덕분이다.

세 번째 구성 요소: 돈(자신의 돈이 아니라 다른 사람의 돈)

—

돈은 시간을 벌어주고, 지식을 벌어주고, 장기적인 승산이 당신에게 유리하도록 만들어준다. 돈은 첫 번째와 두 번째 요소의 이점을 배가시킨다. 원금 보장 펀드의 경우, 우리는 남의 돈(5년 만기 채권에 지급되는 이자의 형태로 미국 재무부가 주는 돈)을 레버리지로 활용했다. 앞서 말했듯이, 다른 사람의 돈을 이용하는 것은 부를 쌓는 데 큰 레버리지가 된다. 우리가 민트를 설립한 것도 ED&F 맨이 제공한 스타트업 투자금 덕분이었다.

1994년 맨은 상장기업이 되었다. 이로써 맨과 민트는 결별했고, 영국에서의 내 삶은 끝났다. 적어도 당분간은 그랬다. 하지만 다른 사람의 돈을 20년 동안 관리해보니 나는 더 이상 사람들 간의 이해관계를 신경 쓰고 싶지 않았다. 상장기업에서 일하면 더 많은 사람을 신경 써야 할 것이었다.

나는 내 아이디어를 시험하기 전에 허락을 구하거나 팔지 않아도 되는 상황에서 아이디어를 실행하고 싶었다. 자산 관리 일을 20년 동안 했더니, 이제 그냥 나 자신의 돈만 관리하고 내 아이디어만 연구하고 몇몇 친구와 후원자에게만 자문을 하고 싶었다. 한 직업을 20년 동안 계속했다면, 설령 그 일에서 큰 성공을 거두었더라도 누구든 새로운 도전과 회의를 좀 적게 해도 되는 삶을 갈망할 것이다.

맨 그룹이 상장을 하고 나자, 당시 CEO였던 스탠리 핑크는 내가 사업 운영을 도와주기를 원했다. 하지만 나는 운영이 아니라 연구에 더 끌려서 제안을 거절했다. 그 결정으로 나는 아마 1억 달러에서 0을 한두 개 더 붙인 돈을 날렸을 것이다.

이 책에서 내가 제일 먼저 제안했던 메시지가 '자신을 알라'였다. 나는 돈을 벌 새롭고 독창적인 아이디어를 독립적이고 자유롭게 내놓을 때 가장 행복함을 느꼈다. 1994년에는 일의 방향을 다시 미국으로 전환하고, 한 패밀리 오피스Family Office(고액 자산가를 대상으로 하는 사적인 투자 자문 회사)에서 나 자신의 돈을 관리하는 데 초점을 맞췄다. 결과적으로 볼 때 내 파트너와 직원 그리고 나는 모두 대단한 실적을 올렸다.

나의 이런 성공 경험을 당신도 인생에서 레버리지로 삼기를 바란다. 1억 달러(한화로 약 1,191억 원)를 벌 수 없을지 몰라도, 당신이 충분히 좋은 베팅을 많이 하면 승산은 장기적으로 당신 편이 될 것이다. 물론 당신에게 10만 달러의 종잣돈을 확보하는 일은 언감생심으로 들릴 것이다. 하지만 다음 장에서 나는 내 방법을 단계적으로 소개할 것이다. 어떤 투자자도 따라 할 수 있는 방법이다.

부의 원칙 활용법:
내 철학이 어떻게 당신에게도 통할 수 있는가

성공의 위대한 점 중 하나는 다른 사람들을 도울 수 있다는 것
이다. 하지만 사람들이 나에게 (늘 그러듯이) 주식에 관한 조언
이나 투자에 관한 구체적인 지침을 달라고 할 때면 그런 게 별
로 소용이 없다고 말할 수밖에 없다. 내 트레이딩 시스템은 단
편적으로 공유할 수 있는 것이 아니다. 이와 달리 내 트레이딩
철학은 초보 투자자, 소액 투자자 그리고 거액 투자자 모두에
게 유익하게 적용될 수 있다.

　민트를 떠난 후 나는 부를 쌓는 방법을 주제로 학생들과 대

화를 나누고 젊은이들을 지도하는 일이 매우 즐거워졌다(걱정하지 마시라. 비록 당신이 쉰 살이어도 부를 쌓는 방법은 같다). 나의 추세추종 트레이딩의 기본적인 역학에 관심이 있는 분들을 위해, 그 내용을 이 장의 끝에서 소개할 것이다.

그 전에 먼저 알아볼 것이 있다.

돈은 어디서 시작되는가

앞장에서 말했듯이, 나는 캘리포니아에서 처음 따낸 일거리로 10만 달러를 받았고, 민트 인베스트먼트를 설립하는 동안 내 가족 생활비와 사업 경비를 그 돈으로 충당했다. 이 이야기를 들은 젊은 투자자들은 아마 10만 달러를 버는 것은 자신의 능력 밖이라고 여길지 모른다. 어쩌면 1만 달러 모으기도 너무 어렵다고 혀를 내두를 것이다. 그런 분들에게 다음 두 단어를 바친다. 원하라, 그리고 셈하라!

1. 원하라

첫 투자금을 모을 때, 욕구야말로 가장 강력한 무기다. 욕구 대신에 필요라고 해도 좋다. 왜냐하면 욕구는 필요로 전환되기 때문이다. 이미 밝혔듯이, 나는 아내가 있었고 아기가 태어나기 전이었는데 돈이 없었다. 그런 절실한 상황 덕분에 캘리포니아에서 첫 수확이 있었고, 이어서 런던으로 가는 문을 두드리게 되었다. 욕구의 힘은 당신에게 추진력을 준다. 딱히 더 이상 해줄 말은 없다. 다만 자신이 어떤 상황인지 깊이 생각해보라. 그렇지 않으면 사람들이 평균적으로 얻는 만큼만 얻게 된다.

2. 셈하라

돈을 버는 데 고급 수학을 알 필요는 없다. 단지 셈만 할 줄 알면 된다. 나는 셈하기를 통해 첫 자금을 모을 수 있다.

나는 무일푼에서 시작했다. 하지만 처음에 1만 달러를 저금한 다음에, 가족과 친구들에게서 투자를 받아서 10만 달러의 초기 트레이딩 자금을 모았다. 나는 투자자들에게 실적에 대해 20퍼센트의 수수료를 부과했다. 무슨 뜻이냐 하면 만약 내 펀드가 20퍼센트 불어난다면, 나는 운용 펀드에 투자한 10퍼센트 초기 투자금에서 56퍼센트[*]를 벌게 된다는 뜻이다. 실제

---

[*] 저자 본인의 투자금을 A라고 하면 운용 펀드는 10A임. 20퍼센트의 수익이 났다면, 수익 금액 2A (10A×0.2) 중에서 자신의 수익은 2A/10 = 0.2A
실적에 대한 수수료는 운용 펀드 전체의 수익인 2A에서 자기 수익인 0.2A를 뺀 1.8A에 대해 부과함. 따라서 수수료 수익은 1.8A×0.2 = 0.36A
결과적으로 자신의 수익은 0.2A + 0.36A = 0.56A. 그래서 56퍼센트를 벌게 됨

로는 더 벌었다. 이게 바로 셈하기의 힘이다.

종잣돈 1만 달러는 어디서 구해야 하는지 궁금한가? 당신이 버는 금액을 셈하라. 그것의 90퍼센트로 먹고살고 나머지 10퍼센트를 투자하라. 당연한 이야기처럼 들릴 것이다. 금융 자문가들은 늘 그렇게 말한다. 하지만 실제로 행하는 사람은 극히 적다. 이런 사례가 있다. 나의 몇몇 친구는 보너스를 급여의 일부로 여겼다. 이 친구들은 보너스로 받은 3만 달러를 유대인 성인식 등에 사용했다. 하지만 보너스라는 단어를 사전에서 찾아보면, 그건 급여의 일부가 아니라 여분이다. 만약 보너스로 먹고살면, 급여의 110퍼센트로 먹고사는 셈이 된다. 별로 좋은 셈이 아니다.

종잣돈을 모을 방법이 하나 있다. 부업을 하는 것이다. 1만 달러를 저금하고 5,000달러를 베팅하라(투자하기 전에 먼저 비상 자금을 확보해두어야 한다. 비상 자금은 3~6개월 정도의 생활비면 좋다).

어린 시절에 나는 그걸 처음 깨달았다. 사촌과 함께 해변에 갔을 때였다. 우리는 아이스크림을 팔 작정이었지만, 나는 너무 지겹고 게을러서 때려치우고 사촌의 일이 끝날 때까지 주변을 얼쩡거렸다. 나는 다른 아이들과 포커 게임이 벌어지는 곳으로 갔다. 눈이 잘 안 보이긴 했지만 1부터 10까지의 카드는 셀 수 있었고, 각각의 카드에는 1달러가 놓여 있었다. 나에게 1달러가 있고 만약 카드를 보고 셀 수 있다면, 10달러를 벌 가능성이 있다고 생각했다.

셈만 해서 돈을 벌 수 있다고 믿긴 어렵지만, 정말로 벌 수 있다. 보험회사와 은행 등 많은 기업이 바로 그렇게 한다. 심지어 광고회사도 광고를 낸 다음에 수치 데이터를 이용하여 광고를 평가하고 검사한다. 무엇이 효과적인지 알아보기 위해 셈하기가 이루어진다. 셈하기는 민트의 컴퓨터들이 했던 일이기도 하다. 나는 우리가 잠든 밤에도 컴퓨터가 실행되기를 원했다. 워런 버핏은 이렇게 말했다.

"당신이 자고 있을 때에도 돈을 버는 방법을 찾지 못하면, 죽을 때까지 일만 하게 된다."

나는 이자율을 셈해서 많은 돈을 벌었다. 사실 내 성공의 대부분은 빚을 영리하게 이용하고, 내가 빚에 대해 얼마를 지불할지와 빚으로 얼마를 벌지의 차이를 셈해서 얻은 것이다. 대학 수업 시간에 교수가 총 트레이딩 금액의 5퍼센트만을 자기 돈으로 내는 사람들을 비웃자 학생들도 모두 웃음을 터뜨렸다. 하지만 나는 셈을 하고 있었고, 덕분에 500달러로 상품선물에 1만 달러를 트레이딩할 (그리고 돈을 벌 수 있음) 수 있음을 알게 되었다.

얼마만큼 갖고 있는지, 얼마만큼 잃을 수 있는지 그리고 얼마만큼 벌 수 있는지 늘 셈하라. 셈을 해보고 타당하다고 판단되면, 적절한 자금으로 투자에 나서라. 이걸 명심하기 바란다. 셈하기는 최적화된 사고의 수단이다. 나폴레온 힐Napoleon Hill은 이렇게 말했다.

"생각하면 부자가 될 수 있다."

좋은 도박사와 나쁜 도박사의 차이

- 좋은 도박사는 잃을수록 베팅 금액을 줄인다.
- 나쁜 도박사는 만회하려고 계속해서 베팅 금액을 늘인다.

리스크 관리가 전부다

—

시장은 나의 친구가 아니다. 시장이 어떻게 될지 나는 모른다. 하지만 얼마를 베팅할지, 그리고 언제 베팅할지는 내가 통제할 수 있다. 가장 중요한 제1규칙은 이것이다. '얼마만큼 기꺼이 잃을 것인가?' 이 질문에 답하기 전에는 어떤 시도나 단 한 건의 트레이딩도 하지 말고 어떤 것에도 베팅하지 마라. 자신이 어떤 사람인지, 어떤 자원을 갖고 있는지, 그리고 손실에 대한 태도가 어떤지는 당신 자신만이 알 수 있다. 하지만 무엇이 되었든 당신의 인생 전부를 걸지 마라. 우리가 민트에서 이용했던 몇 가지 리스크 관리 기법들이 있다. 이것은 크든 작든 모든 투자자에게 적용된다.

- **최악의 시나리오를 기준선으로 삼아라.** 나는 언제나 내가 어떤 리스크에 처해 있는지, 그리고 얼마나 잃을 수 있는지 알기를 원한다.
- **어떤 거래든 리스크를 최소화하라.** 민트에서 우리는 단일 트레이딩에서도 투입 자산의 1퍼센트 이상의 리스크를 떠안지 않았다. 다시 말하지만, 어떤 단일 트레이딩에서도 투입 자산의 1퍼센트 이상의 리스크를 떠안지 마라.
- **분산 투자하라.** 분산하고 또 분산하라. 하지만 분산된 거래들이 동일 종류의 모음이 아니어야 한다. 우리는 수십 개의 시장에서 거래했다. 오늘날에는 훨씬 더 다양해질 수 있다.
- **원칙과 시스템을 따르라.** 다른 훌륭한 트레이딩 시스템과

마차가지로 우리 시스템도 타당한 원리들과 조사를 통해 만들어졌다. 하지만 만약 이 시스템을 20명에게 제공한다면 대다수는 실패할 것이다. 왜냐하면 대다수 사람은 그 시스템을 따를 훈련이 부족하기 때문이다. 마치 새해 첫날에 다이어트를 시작하는 사람들이 그 달 중순쯤에 포기해버리는 것과 같다.

트레이딩 시스템을 믿고 따라가면서 매일매일 돈을 번다면 좋을 것이다. 하지만 어떤 시스템도 항상 옳다고 해서 늘 돈을 벌 수는 없다. 추세추종 시스템이든 다른 어느 시스템이든 마찬가지다. 앞서 말했듯이 베팅에는 네 가지 종류가 있다. 좋은 베팅, 이기는 베팅, 나쁜 베팅, 지는 베팅. 좋은 베팅을 1,000번 하면 당신은 이길 것이다. 오랜 시간이 지나면 말이다. 그렇다면 얼마나 오랜 시간일까? 그건 알 수 없다.

따라서 당신의 시스템이 돈을 잃고 있을 때 어떻게 해야 할지를 미리 정해야 한다. 대다수 사람은 돈을 잃는 것에 대처하지 못한다. 어려움이 닥치면 규칙을 손보거나 슬쩍 비틀거나 바꾸려고 한다. 아주 똑똑한 사람들이 종종 그렇게 한다. 모두 자신의 높은 IQ를 매우 과신한다. 당신이 가장 마주치고 싶지 않은 상황은 이런 말을 하는 파트너들을 만나야 할 때이다.

"우리는 여섯 달째 돈을 잃고 있어요. 어떻게 하죠?"

경제적 생존을 걱정하지 않을 수 있어야 어떤 위기 상황에서도 현명한 결정을 할 수 있다. 자금이 부족해서 빌린 돈으로 포커 게임을 하는 사람은 돈을 잃을 것이다. 두려움에 사로잡혀 있으면 합리적인 결정을 내릴 수 없기 때문이다.

투자자들은 감정에 휩쓸려 비극적인 상황에 처할 수 있다. 맨과 함께 일하던 시절, 영국군 대령 출신의 동료가 있었다. 그는 세상에서 가장 스트레스가 심한 작업인 폭탄 해체를 담당했던 강철 같은 정신의 소유자였다.

언젠가 그에게 물었다. "어떻게 그 일을 할 수 있었나요?"

그러자 그가 대답했다. "그다지 어렵진 않았어요. 폭탄도 제각각이에요. 말레이시아의 폭탄은 중동의 폭탄과 달라요. 현장에 가서 어떤 종류의 폭탄인지 알아낸 다음에 해체하면 됩니다."

내가 다시 물었다. "그럼 하나만 물어볼게요. 모르는 폭탄을 만나면 어떻게 되죠?"

그는 나를 빤히 쳐다보더니 이렇게 말했다. "폭탄을 봤을 때의 첫 느낌을 기억해두고, 그게 마지막 느낌이 안 되길 바랄 뿐이죠."

어느 날 사무실에 들어갔더니 이 강철 같은 정신의 소유자가 거의 눈물을 글썽이고 있었다. 무슨 문제가 있느냐고 내가 물었다. 알고 보니 미국 연방준비제도가 중대한 정책을 변경하는 바람에 여러 중요한 시장 추세들이 크게 반전되고 말았다. 가격이 10달러에서 시작해서 15달러에 육박했던 우리 펀드가 하룻밤 새 12달러 아래로 하락했다. 게다가 그가 큰 스위스 은행을 고객사로 삼은 후였다.

내가 말했다. "전화를 걸어요."

"뭐라고요?" 어리둥절해하며 그가 물었다.

나는 천천히 힘을 주어 다시 말했다. "전화를 걸라고요."

내가 중개인이었을 때 사장이 가르쳐주었다. 돈을 잃고 있는 고객에게 내가 전화를 걸지 않으면, 다른 누군가가 전화를 걸 것이라고. 그리고 솔직히 털어놓자면, 나는 사장이 가르쳐준 대로 했다. 내가 다른 중개인의 고객들에게 전화로 상황을 알려주면 그들은 자신들의 중개인을 비난했다. 그러면 나는 이렇게 말했다. "세상에, 고객님. 자금을 어떻게 그런 식으로 관리했을까요?"

나는 고객사에 전화를 걸어서 이렇게 설명했다. 우리 시뮬레이션에 따르면 이런 유형의 사건은 몇 년에 한 번 생길 뿐이며, 분명 9개월만 지나면 가격이 새로운 고점에 다시 도달할 것이라고 말이다. 또 이렇게 덧붙였다. "사실은 제가 방금 전에 돈을 빌려서 펀드의 투자금에 보탰습니다."

"정말로 그랬나요?" 그 담당자가 놀라는 말투로 물었다. 나는 그랬다고 확답을 주었다.

결국 고객사는 투자금을 두 배로 늘렸고, 그 펀드는 금세 불어났다. 그리고 그 고객사는 민트의 가장 큰 고객사 중 한 곳이 되었다. 나는 어떻게 확신할 수 있었을까? 우리 시스템을 잘 알고 있었기 때문이다. 사업을 크게 키우려면, 내일 무슨 일이 일어날지는 모르더라도 장기적으로 어떻게 될지는 제대로 알고 있어야 한다.

민트 트레이딩 시스템은 항상 옳은 판단을 하는 것에 우선순위를 두지 않았다. 우리는 잃을 때 크게 잃지 않지만, 벌 때는 크게 버는 것에 우선순위를 두었다. 그렇다 보니 수익이 좋지 않을 때도 종종 있었다. 우리는 그것을 이해하고 예상했으며, 우리 고객들에게도 지혜를 전해주었다. '당신이 좋은 시스템을 갖고 있고 승산을 연구했고 얼마나 잃어도 될지를 결정했다면, 비록 시장 상황이 나빠지더라도 당신의 시스템을 고수하라.' 민트 시절에 마이클 델먼은 자주 이렇게 말했다.

"인간의 결정은 어떤 것이든 실패할 때가 있다."

우리가 크게 성공할 수 있었던 까닭은 그때그때의 결정이나 의사결정 능력에 기대지 않아도 되도록 시스템을 갖추었기 때문이다. 우리는 어느 누구도 시스템을 철회할 수 없도록 규정한 서면 합의서에 모두 서명하도록 했다.

또한 변동성을 추적하는 일은 필수다. 변동성이 큰 시장과 불경기는 어떤 전문가도 속여 넘길 수 있는 전염병과 같다. 시장의 변동성이 매우 크면, 우리는 거래를 멈추고 그냥 빠져나온다. 내가 앞서 말했던 투자 기회를 기억하는가? 투자자의 이점은 베팅할 때를 선택할 수 있다는 것이다. 만약 조건이 마땅치 않으면 빠져나오기 바란다. 언제나 돈을 수익이 나는 종목에 넣어라.

추세를 찾고 따르기 위한 기법들: 손실은 줄이고 수익은 늘려라

—

나는 추세추종의 기본 이론과 그 시스템을 사랑과 인생에 적용하는 방법을 소개했다. 이것이야말로 이 책의 가장 중요한 교훈이다. 해마다 악화되는 나쁜 결혼, 나쁜 직업 또는 나쁜 사업에 머물러 있지 마라. 떠난 다음에 상승 추세를 찾아서 올라타고 그 추세가 지속되는 동안 타고 가라. 좋은 배우자와 함께하라. 상승세에 있는 사업에 더 많이 투자하라. 이것은 멋진 말이며, 패턴이 명확할 때는 매우 명백하다. 하지만 늘 오르락 내리락하는 세상에서 추세를 어떻게 판단한단 말인가?

가격이 상승하거나 하락하는 주식이나 상품을 알아차리기는 어렵지 않다. 가장 기본적인 방법 중 하나는 '이동평균선'을 이용하는 것이다. 이것은 당신이 선택한 어떤 기간 동안 특정 자산의 가격 평균값이다. 기간은 보통 10일에서부터 200일 사이에서 정한다. 그런 방법으로 나는 이리저리 움직이는 주식이나 상품의 추세를 확인한다.

기간은 어떻게 선택해야 할까? 예를 들어 20일 내지 30일의 단기 이동평균선은 추세를 일찍 알려주긴 하지만 조금 울퉁불퉁할 것이다. 200일 이동평균선은 추세를 반영하기에는 느리겠지만, 더 탄탄하다. 매수나 매도의 신호가 되려면 추세가 얼마나 강해야 하는지에 대한 규칙을 세워야 한다. 그 규칙대로 행동에 나서면 된다. 하지만 일반적으로 당신의 목표는 당신이 놓치지 않을 정도로 상승이나 하락 추세를 일찍 알려주되, 추세가 일시적 요동이 아니라 진정한 추세가 될 정도로 충분히 긴 이동평균선을 이용하는 것이다.

예를 들어, 나는 200일 이동평균선이 우상향하는 주식을 사서 계속 보유하다가 내가 잃어도 된다고 정해놓은 금액만큼 하락하기 시작하면 빠져나온다. 나는 손실이 나는데도 눌러 있지 않는다. 돈을 잃는 자리에는 머물지 않는다.

이 원리는 다양한 투자 시나리오에 적용할 수 있다. 예를 들어 당신은 비은퇴 주식 포트폴리오에서 5퍼센트 이상의 손실을 보아서는 안 된다고 결정했다. 그렇다면 당신의 포트폴리오 전체에서 5퍼센트 손실의 문턱에 이르렀을 때 당신은 하락하는 주식 전부를 매도할 수 있다. 이것이 당신을 '최악의 상황'에서 지켜주는 하나의 규칙이다.

당신은 가진 것에서 몇 퍼센트의 손실을 감당할 수 있는가? 이는 당신이 얼마나 부유한지와는 별개의 문제다. 인간은 긍정적이든 부정적이든 부의 변동을 겪을 때 감정적이 되고 편향에 빠진다. 그때 곤란한 상황이 벌어진다. 수익을 늘린다는 것은 구체적으로 말해서 손절매Stop-Loss 단계가 오기 전까지는 매도하지 않아도 된다는 뜻이다. 그 오름세를 즐기면 된다. 하지만 시장이 매도 신호를 보낸다면, 많은 돈을 벌어다준 그 투자에 감정적으로 얽매여서는 안 된다. 당신의 투자 행동에 손절매에 대한 원칙이 각인되어 있으면, 공포에 빠지거나 압박감으로 성급한 결정을 내리지 않을 수 있다.

한편 시장으로 다시 돌아가야 할 때는 언제일까? 이동평균선이 좋은 타이밍이라고 알려주는 때이다. 그 반대도 마찬가지다. 잘되고 있고, 당신은 손절매 주문을 걸어두었다면 수익을 내주는 종목에서 빠져나오는 일에 신중해야 한다. 트레이더이자 투자자로서 내가 배운 모든 것 중에서 수익 종목을 계속 따라가는 것이야말로 가장 어렵다.

옵션과 손절매의 기본 지식

—

사람들은 트레이딩이 매우 위험하다고 생각한다. 하지만 자산을 보호하기 위해 이용할 수 있는 간단한 장치가 있다. 주식이나 상품선물을 매수할 때 손절매 주문을 걸어두면 된다. 이렇게 해두면, 당신이 잃어도 된다고 정해놓은 금액을 기준으로 미리 결정된 가격만큼 자산이 하락할 때 자동으로 매도가 이루어진다.

　나는 '추적 손절매Trailing Stop' 설정을 좋아한다. 왜냐하면 매도 지점이 (달라지는 가격에 따라) 조정되고, 이 조정이 매우 중요하기 때문이다. 만약 당신이 100달러에 매수하고 2퍼센트로 손절매를 설정했다면, 당신이 잃어도 된다고 정한 금액은 2달러다. 투자금이 98달러 아래로 내려가면, 당신은 빠져나온다. 하지만 가격이 110달러로 올라가면 어떻게 될까? 추적 손절매를 이용하면, 100달러가 아니라 110달러의 2퍼센트에서 자동으로 매도할 수 있다. 그러면 손실을 막으면서도 이미 번 것보다 더 많은 금액을 지키게 된다.

손실을 제한하는 또 다른 방법은 옵션을 구매하는 것이다. 이는 내가 좋아하는 방법이다. (상품선물이든 주식이든) 어떤 자산에 대한 옵션을 매수하면, 당신은 미리 정해진 미래의 기간 동안 미리 정해진 가격에 그 자산을 구매할 권리에 대한 수수료만 지불하지만, 의무는 지지 않는다.

당신은 왜 옵션을 사는가? 왜냐하면 그것이 어떻게 움직일지 안다고 생각하기 때문이다. 본질적으로 당신은 하나의 규칙을 정하는 셈이다. 예를 들어 특정 주식을 주당 200달러에 살 수 있는 3개월 만기 옵션을 20달러에 샀다고 하자. 나중에 그 주식 가격이 주당 300달러로 오른다면, 옵션을 행사해 그 주식을 매수함으로써 50퍼센트의 수익을 얻게 된다. 옵션에는 두 가지 리스크가 따르는데, 바로 가격과 시간이다. 스톡옵션Stock Option(주식매수선택권)은 비대칭적 레버리지의 대표적인 예다. 비용은 많이 들지 않지만, 잠재적인 수익은 매우 클 수 있다.

손절매 시스템은 드라마틱하지도 흥미진진하지도 않다. 당신의 투자 인생에서 드라마가 무슨 소용 있겠는가?

나쁜 베팅에 운을 시험하지 마라

—

손실을 막는 법을 배우면, 당신은 사람들이 투자에서 곤경을 겪을 때 저지르는 위험하고 불법적인 일에 유혹당하지 않을 것이다. 내부자 거래라는 범죄를 들어보았을 것이다. 이에 대해 인베스토피아에서는 이렇게 정의한다. '어떤 증권의 중요한 비공개 정보를 얻은 사람이 해당 증권을 매수하거나 매도하는 행위. 내부자 거래는 내부자가 언제 거래하는지에 따라 불법일 수도 합법일 수도 있다. 해당 중요 정보가 비공개 상태일 때라면 불법이다.' 내부자 거래는 바보짓이다. 왜냐하면 첫째, 진짜 좋은 정보인지 당신은 모른다. 둘째, 불법이어서 감옥에 갈 수 있다.

내부자 거래를 하다가 적발된 사람들의 이야기는 흘러넘친다. 나는 내부자 거래가 세상에서 제일 나쁜 행위 중 하나라고 생각했기에 결코 유혹을 느껴본 적이 없다. 끔찍한 리스크를 초래하는 짓이다. 무엇보다도 정보의 출처가 옳은지 확신할 수 없다. 가장 중요한 점인데도 말이다. 또한 도덕성은 논외로 치더라도, 감옥에 가야 할 처지가 될 수 있기 때문에 당신의 리스크/보상 체계가 극적으로 달라진다. 이는 정말로 무모한 짓이다.

수익을 계속 늘리는 법

뉴저지주의 서밋으로 처음 이사 갔을 때 우리는 아담한 집에서 시작했다. 하지만 차츰 큰 집으로 옮겼고 마침내 넓은 저택에 정착했다. 그곳에서 아내 시빌과 나는 두 아이를 키웠다. 정말 아름다운 집이었다. 내 꿈이 이루어진 것이다.

앞서 밝혔듯이 어렸을 때 우리 가족은 전셋집에서 살았다. 자라면서 그 집의 창밖으로 보이는 거라고는 오션 애비뉴와 애비뉴 V 쪽의 건물 벽뿐이었다. 나는 어린 시절 대부분 내 방이 없었다. 이제 내 집에는 난방이 되는 야외 수영장, 잔디가 깔린 넓은 마당 그리고 많은 방이 있다. 내가 가장 좋아하는 곳은 서재인데 마치 영화 〈대부〉에 나오는 비토 코를레오네의 집무실과 비슷하다.

부모님에게는 플로리다주 할리우드시에 있는 아파트를 한 채 드렸다. 부모님의 소원을 들어준 셈이다. 그곳에는 부모님의 친인척들이 있었고, 부모님의 집은 부유한 이모부 집의 옆에 있는 주거단지 안에 있었다. 아버지는 아담한 집을 원했지만, 내가 안 된다고 했다. 어머니의 브루클린 출신 친구들이 모두 그 지역으로 이사 와서 살고 있었기에, 어머니가 친구들과 어울리려면 그들의 생활수준에 맞추는 편이 좋다고 생각했다.

세상 모든 어머니는 아버지보다 두려움이 많은데, 대공황까지 겪은 어머니의 두려움은 더 컸다.

아버지가 세상을 떠나신 후 어머니는 자주 우리와 함께 지냈다. 한 번은 저녁을 드신 후 내 서재로 들어오셔서 이렇게 말씀하셨다.

"래리야, 네가 잘하고 있다만, 상품선물 트레이딩이란 게 말이다. 위험하잖니. 온 세상이 다 아는 이야기다. 돈은 벌 만큼 벌었으니 이제 그만두는 게 어떻겠니?"

자신이 무슨 일을 하고 있는지 알고 있다면, 그 일이 무엇이든 다른 사람의 생각만큼 위험하지 않다. 그런데 많은 사람이 너무 좋은 상황을 감당하지 못한다. 그게 바로 가난한 사람들의 한계임을 나는 알아차렸다. 나는 어머니의 질문을 곰곰이 헤아려본 다음에 이렇게 말했다.

"어머니, 우리 집안에서 누가 가장 부자죠?"

"음, 그야, 너지."

"줄곧 그러면 좋겠죠?"

"물론 그렇고말고."

"그럼, 제가 어떻게 해야 할까요? 일가친척들과 함께 의류 사업에 동참할까요? 제가 그러는 게 좋을까요, 어머니? 저는 지금 제 일을 잘 알아요. 오랫동안 그걸 익혔고 박사학위 소지자들이 제 밑에서 일해요. 너무 크게 성공했다는 이유 때문에 전문가로 인정받을 만큼 잘 아는 사업을 접고, 의류 사업에 뛰어 드는 건 바보 같은 짓이 아닐까요?"

일이 너무 잘된다고 해도 내 어머니는 아마 걱정부터 앞설 것이다. 나는 그렇게 생각하지 않는다. 걱정을 접어두고 마음껏 즐기면 된다. 난독증에 시력도 나쁘고 운동도 공부도 못했던 가난한 아이가 어른이 되어서 대저택에 살고 있다. 세상은 생각보다 훨씬 살기 좋은 곳일 수 있다.

이렇게 말하는 독자들도 있을 것이다. 그런 성공은 전부 내가 억세게 운이 좋았기 때문이라고. 하지만 나는 베팅할 용기가 있었기 때문이라고 말하겠다. 그리고 현명하게 베팅을 할 지적인 능력이 있었기 때문이다. 나는 목표와 계획이 있었다. 나는 상상력이 뛰어나서 언제 시장에 뛰어들지, 언제 빠져나올지 그리고 언제 돈을 더 보탤지를 알려주는 트레이딩 모형을 만들들 아이디어가 있었다. 하지만 무엇보다도 나는 금융 시장에서 돈 벌기를 즐긴다. 나는 투자 관련 정보들을 파악한 다음에 이를 바탕으로 구상한 아이디어를 실행해줄 누군가를 찾는 일이 무척 즐겁다. 번 돈은 내가 옳았다는 증거이다. 물론 나는 어머니의 질문을 존중하며 가끔씩 생각해보았다.

희한하게도 그 일이 있고 몇 주 후 막내딸이 내 서재에 들어오더니 대뜸 물었다. 그때 그 아이는 무척이나 똑똑한 열다섯 살 소녀였다. "아빠, 저는 크게 성공한 아빠가 자랑스러워요. 하지만 벌 만큼 번 것 같지 않으세요?"

분명 그 아이도 내 어머니와 같은 두려움을 품고 있었다. 아내와 나는 생각이 모자랐다. 나는 누구에게도 싫은 소리를 안 듣게 하려고 두 딸을 응석받이로 떠받들어 키웠다.

우리는 한동안 이야기를 나누었는데, 나는 딸에게 어머니에게 들려준 내용을 설명해주었다. 나는 다른 분야의 일은 잘하지 못할 거라는 이유를 댔지만, 그것보다도 내가 어떤 분야를 잘하는 것이 그 분야를 그만둬야 한다는 뜻이 아니라고 말해주었다. 수익은 계속 늘려야 하고, 그게 바로 내가 해온 일이라고.

알고 보니 나는 얼마를 버는지에도 무관심한 사람이 되어 있었다. 내가 번 돈의 액수는 부를 창출하도록 작동하는 시스템의 결과다. 부의 상대적 규모는 별로 중요하지 않다. 당부하는데, 당신이 성실과 총명함으로 자산을 모았다면 수익을 계속 늘려라. 즉 그런 이득이 계속 되도록 하라. 그리고 당신이 가족을 자상하게 잘 돌본다면, 그런 이득이 계속되도록 하라. 당신이 성실한 납세자이고, 당신이 번 것을 당신보다 행운이 덜한 사람들과 나눌 수 있다면, 그런 이득이 계속되도록 하라.

유대인이나 가톨릭 교도가 되면 불리한 점이 하나 있다. 신앙에 따라 자라면서 스스로 죄책감을 갖는 경향이 있다는 것이다. 일이 너무 잘될 때 그럴만한 자격이 있다고 여기지 않는 것이다. 한창 젊었을 때 나는 성공할 준비가 되어 있지 않았다. 성공을 감당할 수 없었다. 하지만 차츰 인생은 우리의 예상보다 더 나을 수 있음을 알게 되었다. 당신과 당신의 가족 및 친구들도 그렇게 되면 좋겠다.

다음 세대를 위해:
원칙은 앞으로도 계속 통한다

민트를 떠난 후 나는 스스로 나 자신의 돈을 관리했다. 그러다가 2001년에 하이트 캐피털Hite Capital을 설립했다. 가족 자산관리 회사인데, 소규모의 개인 고객들도 상대했다. 덕분에 나는 자기자본거래Proprietary Trading와 더불어 체계적인 트레이딩 분야의 연구개발도 계속할 수 있었다. 우선 나는 고객을 (가급적) 두지 않겠다는 목표를 세웠다. 왜냐하면 고객은 최상의 위험조정수익률Risk-Adjusted Return을 달성하는 데 방해가 될 수 있기 때문이다. 그래서 투자처를 고를 때만큼이나 신중하게 고객을 골라야 했다. 나는 새로운 아이디어를 개발할 더욱 진취적이고 창의적인 환경을 원했다. 그래서 사업 운영에 도움을 줄 팀을 꾸리기로 했다. 결과적으로 아주 현명한 결정이었다.

알렉스 그레이서먼을 고용했는데, 민트에서 10년 동안 연구 책임자로 일했던 사람이다. 그는 민트에서 트레이딩 전략의 연구개발, 자산 관리 그리고 전반적인 포트폴리오 리스크 관리를 맡았었다. 당시 그는 럿거스대학에서 통계학을 공부하고 있었고, 이후 박사학위까지 받았다. 그 덕분에 나는 토머스 베이즈를 알게 되었다.

18세기에 살았던 이 영국의 통계학자는 조건부 확률을 알아내는 수학 공식을 만든 사람이다. 만약 내가 확률을 설명하기 위해 카드 한 벌 중에서 스페이드 에이스를 이용한다면, 그 카드는 한 벌의 52장 가운데 하나일 것이다. 만약 내가 여러 벌의 카드를 이용한다면 확률도 달라질 것인데, 이는 시장에서도 마찬가지다. 베이지안 통계에서 환경이 달라지면 평균을 이용해야 한다(예를 들어 야구에서 평균 타율이 베이지안 통계의 한 예다). 알렉스 덕분에 나는 임의의 시장 추세에 확률을 할당할 때 사용할 새로운 전략을 손에 넣을 수 있었다.

길버트 리Gilbert Lee도 우리 회사에 합류했다. 민트와 맨 그룹의 선임 시장 분석가로서, 투자 전략을 실행하고 5,000만 달러 이상의 자금을 관리했던 인물이다. 이렇게 다시 만나 결성된 우리들은 마음껏 사업을 펼쳐나갔다. 물론 이전과 동일한 철학과 시스템을 사용했지만, 오직 이 팀으로 사업을 진행했다. 그리고 고객들도 우리와 기질이 비슷한 소수의 엄선된 사람들만 모집했다.

다음 세대

—

민트 이후 내 삶은 나와 함께 사업을 시작해서 아주 잘해나간 몇몇 젊은이의 활약을 이야기하기 좋은 시간이다. 모두들 똑똑했고 배우길 좋아했고 돈을 벌려는 의욕이 있었다. 지금까지 서로 좋은 친구 사이로 지낸다. 이들이야말로 인생의 길을 함께 열어간 훌륭한 사례다.

뛰어난 여러 젊은이가 대학을 갓 졸업하고 나와 함께 일했다. 하루 일과가 끝날 무렵 우리는 종종 대화를 나누었는데, 나의 이 말과 함께 대화가 시작되곤 했다. "자, 그럼, 와튼 스쿨(펜실베이니아대학의 단과대학으로서, 미국에서 가장 오래된 상경대학)에서 뭘 배웠는지 말해줄…."

대답을 듣고 나서 나는 그들이 학교에서 배운 내용 중에 틀린 게 많다고 알려주곤 했다. 그럴 때 나는 모든 경제학 이론과 개념은 시장이 효율적이라는 믿음에 근거하고 있음을 지적했다. 그런 건 모두 잊으라고 말한 다음에 이렇게 덧붙였다. '내가 시장에서 이길 수 있었던 이유는 내가 뭘 모르는지 알기 때문이며, 또한 정량적인 분야에서 정식 교육을 받지 않아 고정관념에서 자유롭기 때문'이라고. 내 말에 다들 깜짝 놀라던 표정이 지금도 눈에 선하다.

그 젊은이들 중 내 변호사 사이먼 레빈의 아들 마이클 레빈 Michael Levin도 있었다. 마이클은 (영국의 명문대학인) 엑서터에 이어 와튼 스쿨을 다녔고, 대학을 다니고 있던 1990년대 초반에 내 회사에서 인턴을 했다. 그는 트레이딩에 소질이 있어 보였다. 처음엔 커피와 점심을 준비하는 사소한 일을 하다가, 시장을 조사하고 내게 주식을 추천할 기회를 얻었다. 그가 찾아낸 주식은 스튜던트 론 코퍼레이션Student Loan Corporation이었다. 시티그룹의 자회사인 이 개인은행은 연방정부를 위한 중개은행으로서 피보험 학자금 대출을 제공하고 있었다.

그의 조사에 의하면 학자금 대출 수요가 증가하는 추세이며, 스튜던트 론 코퍼레이션은 정부가 선호하는 중개은행이었다. 그가 제시한 수치와 더불어 추세를 확인한 다음 나는 그 회사 주식에 100만 달러를 투자했다. 그러고서 어떻게 되는지

보자고 그에게 말했다. 주식은 50퍼센트 상승하더니 이어서 75퍼센트 그리고 100퍼센트까지 올랐다(물론 우리도 이 정도 큰 움직임은 예상하지 못했다). 마이클은 재능 있는 젊은이였고, 그가 대학을 졸업했을 때 나는 일자리를 제안했다. 그는 투자은행에서 일하고 싶어 했지만, 나는 그에게 투자할 돈을 대주고 수익에 대한 몫을 주겠다고 말했다. "자네가 기꺼이 스스로에게 베팅한다면, 나도 자네에게 베팅하겠네."

그렇게 해서 우리는 1995년부터 1999년까지 함께 일했다. 이후에 그는 독립하기를 원했다. 그는 세계 최대의 벤처캐피털 회사를 창업하겠다는 꿈이 있었다. 알다시피 나는 꿈을 믿는다. 또 나는 마이클을 믿었기에 꿈을 펼치도록 500만 달러를 그에게 투자했다. 맨 그룹도 똑같은 액수를 투자했다.

하이트 캐피털 매니지먼트를 시작할 때 나는 마이클과 폴 리시아크Paul Lisiak에게 우리 사무실을 쓰도록 해주었다. 다음과 같은 사연 때문이었다. 이 두 사람이 벌인 새 사업은 타이밍이 끔찍했다. 1990년대 후반 닷컴 버블(1999년)이 터지고 말았고, 고평가된 모든 닷컴 주식이 폭락했다. 맨에 있던 사람들이 보인 반응은 일리가 있었다. "뭐 좋아요. 애쓰고 노력한 건 감사하지만, 계속할 필요는 없겠네요."

잔인하다고? 아니다. 행동 규칙일 뿐이다.

하지만 이 새파란 두 젊은이들은 포기할 준비가 되어 있지 않았다. 이미 사람들에게서 돈을 투자받았으니 약속을 지키고 싶었다. 나는 마이클에게 말했다. "우리 사무실로 와서 틈틈이 하이트 캐피털 사업에 자문과 지도를 해주면 어떻겠나? 그러면 투자 일을 계속할 수 있도록 내가 뒷받침해주지. 자네가 벌어들인 수익의 10퍼센트를 주겠네."

그리고 규칙을 알려주었다. 즉 하고 싶은 대로 뭐든 할 수 있지만, 리스크가 어느 정도인지를 반드시 내게 알려주어야 한다는 것이었다.

처음에는 불안했다. 마이클과 폴의 회사가 투자한 종목들 중에서 무엇이 더 나쁜지를 골라내야 할 정도였다. 하지만 결국에는 투자의 성과가 상당했다. 2007년이 되자 우리가 1999년에 시작했던 펀드는 투자자들 자본금의 350퍼센트 수익을 냈다. 현재 마이클은 크레딧 스위스Credit Suisse의 아시아 자산 관리를 책임지고 있다. 그는 뛰어난 트레이더로 투자 종목들에서 정해둔 손절매 가격 이하로 떨어진 적이 없다. 비록 맨 그룹에서는 그런 일이 있기도 했지만.

그런데 이 이야기에는 내가 정말 좋아하는 또 다른 요소가 있다. 바로 회복력이다. 맨 그룹은 마이클과 폴에게 뉴욕 세계금융센터 27층에 사무실을 내주었다. 2001년 9월 11일에도 그곳에 있었다. 그날의 참상은 여기서 되풀이하고 싶지 않다. 테러 공격으로 사무실이 속한 건물이 손상을 입긴 했지만, 골조가 완전히 무너져 내리진 않았다(뉴욕 세계금융센터는 총 7개의 건물로 이루어진 복합단지인데, 이 사무실이 속한 건물은 완전히 붕괴되지는 않은 듯하다). 마이클과 폴은 서류와 하드 드라이브를 복구할 방법이 없었다. 그때는 클라우드 컴퓨팅도 다른 복제 수단도 없었다. 그 건물이 언제까지 폐쇄되어 있을지도 알 길이 없었다. 다른 사무실도 없었고, 고객들과의 접촉이 끊기는 상황을 감당할 수도 없었다. 그때 내 친구 한 명이 건물 안으로 들어갈 방법을 알아냈다. 우리 네 사람은 배낭을 메고 27층으로 올라갔다. 그리고 담을 수 있는 건 모조리 배낭에 담았다. 덕분에 간신히 회사 서류를 건져냈다. 그리고 두 사람은 다시 새로운 곳에 회사를 차릴 수 있었다.

내가 멘토를 맡았던 비크램 고쿨다스Vikram Gokuldas도 추세추종 트레이딩에서 유명한 인물이다. 비크램은 처음에는 민트에서 프로그래머로 일하다가 시장 분석가로 업무를 바꾸었다. 비크램은 배워서 성공하기를 원했다. 사무실에 조직 변경이 있을 때마다 그는 불평 한마디 하지 않고 새로운 과제를 받아들였다. 현재는 나를 위해 수백만 달러를 관리하고 있으며, 내가 신뢰하는 사람이다. 여기에서 어떤 패턴이 있다는 걸 알겠는가?

사람에게 베팅을 잘하면 이득이 따른다는 것이다.

대다수 기업의 경우, 사람에게 베팅하는 것이 쉽지 않을 수 있다. 직원들이 업무를 훌륭하게 해내고 수익을 내고 있더라도, 기업의 장기적인 목적은 아니지만 단기적 목적에 따라 해고를 할 수도 있다.

만약 당신 주위에 훌륭한 사람들이 있다면, 그들에게 당신의 기대를 충족하고 뛰어넘을 기회를 주어라. 그렇다고 완벽을 기대하지는 마라. 완벽한 사람은 없다.

알렉스 그레이서먼도 나와 함께 시작했던 젊은이였다. 알렉스는 소련에서 태어나 열두 살에 미국으로 왔다. 대학에서 수학, 통계학 및 공학을 배운 뒤 잠시 엔지니어 일을 했지만 금융계 진출이 꿈이었다. 1989년 나는 데이터와 수치 작업을 도와줄 컴퓨터 전문가를 찾고 있었고, 1990년 초 그가 이 일을 맡았다. 오랫동안 그는 민트에서 시장 데이터 분석 업무를 담당했다. 오랜 시간 그는 확률과 리스크를 파악하기 위해 나와 수많은 대화를 나누었다. 마침내 그는 시장조사 총책임자로 승진했고, 이어서 하이트 캐피털에도 동참했다.

알렉스는 우리 트레이딩 시스템에 관해 큰 교훈 하나를 가르쳐주었다. 우리가 이룬 성공의 비결은 우리가 무엇을 생각하느냐가 아니라 우리가 어떻게 생각하느냐는 것이다. 내가 평생 잊지 못할 말을 그는 일찌감치 했다. 어느 날 내가 건네준 데이터에서 어떤 차트를 보더니 몇 분 후 고개를 들고 이렇게 말했다.

"사장님은 양(+)의 평균Positive Mean 게임을 하고 있어요."

대다수 전문가는 그것을 '양의 합Positive Sum 게임'이라고 부른다. 젊은 투자자와 트레이더는 월스트리트에서 승자가 한 명 생길 때마다 패자가 한 명 생기는 '제로섬Zero-Sum 게임'을 배운다. 이와 달리 우리 시스템으로는 많은 승자를 만들어낼 수 있었다.

하이트 캐피털 시절 알렉스와 나는 심도 있는 연구를 위해 많은 시간을 할애했다. 정말로 대단한 기회였다. 둘 다 시간 가는 줄 모르고 과거 가격 기록의 방대한 데이터베이스를 이용하여 다양한 추세추종 전략들이 상이한 시간 간격 동안 어떤 실적을 내는지 시뮬레이션했다. 하이트 캐피털을 시작할 때 투자자들에게 보낸 편지에 나는 이렇게 썼다.

학계 내외의 수많은 박사학위 소지사가 이런 광범위한 분석을 실시했는데도 아직 어느 누구도 특정 전략이 짧은 시간 간격 동안에 얼마만큼의 수익을 낼지를 정확하게 알아낼 수는 없었습니다. 하지만 우리는 상당히 정확하게 알아낼 수 있는 것이 있는데, 바로 각 전략에 대해 그리고 개별 전략의 조합에 대해 얼마만큼의 리스크가 따르는지입니다. 이 지식으로 무장하여 우리는 그런 리스크 수준이 과거에 우리에게 미친 결과들을 알게 되었습니다. 그래서 우리가 떠안게 될 리스크를 이전보다 더 정확하게 예측하게 되었습니다.

추세추종에 관한 많은 연구에서 분석가들은 몇십 년을 아우르는 데이터를 이용했다. 그러나 알렉스는 엄청난 노력을 들여 8세기(정말로 800년) 동안의 상품과 주식투자의 데이터를 분석하여 추세추종 전략을 이용한 연 단위의 총수익률을 계산했다. 여기서 다룬 기간은 무려 내가 즐겨 구경했던 캄보디아의 앙코르와트 유적 시대까지 거슬러 올라갔다.

알렉스와 캐스린 카민스키는 공저《관리형 선물에서의 추세추종Trend Following with Managed Futures: The Search for Crisis Alpha》(Wiley, 2013)에서 이렇게 말하고 있다.

주식, 고정 수입, 외환 및 상품을 아우르는 84개 시장의 월 수익률 (중략) 이는 1200년대부터 2013년까지 입수한 자료로서 (중략) 한 대표적인 추세추종 시스템은 입수 가능한 모든 시장에서 여러 세기 동안에 걸친 '추세추종'의 실적을 나타낸다. (중략) 임의의 시점에서 한 추세가 존재하는지를 계산하기 위해, 포트폴리오는 적어도 12개월의 이력을 갖는 시장들로만 구성된다.

와우! 우리는 최소한 한 해 실적 데이터를 가진 84개 시장을 800년 동안 살펴봤다. 이 조사에서 드러난 바에 의하면, 800년 동안 대표적인 추세추종 전략들은 연간 13퍼센트의 수익률을 거뒀으며, 연간 변동성은 11퍼센트였다. 이는 4.8퍼센트의 수익률을 보여준 매수 후 보유 전략보다 훨씬 높은 실적이었다.

이 연구는 우리가 파악한 인간의 속성이 옳음을 (다시 한번) 확인해주었다. 인간은 폭등과 폭락을 만드는 것을 좋아하는데, 이것은 다음에 발생할 큰 사건의 정확한 타이밍까지는 모르더라도 예측은 가능하다. 17세기 네덜란드 튤립 파동 때 나도 한몫을 잡았을 수 있었다. 왜냐하면 우리 연구로 입증된 바에 의하면, 추세추종자는 붕괴 한참 전에 튤립시장을 빠져나와서 큰 수익을 올릴 수 있었기 때문이다. 검은 월요일(1987년)과 1929년 주식 대붕괴 사건을 보자. 우리 연구에 의하면, 추세추종 전략은 1928년 10월과 1930년 10월 사이에 90퍼센트의 수익을 얻었을 것이라는 결과가 나왔다!

마이클 코벨도 자신의 기념비적인 저서에서 비슷한 결과(추세추종이 어려운 시장 상황에서도 진정으로 빛날 수 있음)를 확인해주었다. 우리 연구는 이런 것도 증명했다. 즉 '블랙 스완Black Swan(시장을 혼란의 도가니로 몰고 가는 매우 놀라운 사건)'이 언제나 우리 곁에 도사리고 있다는 사실을 말이다. 이에 대해 알렉스와 캐스린은 다음과 같이 요약했다.

"위기 기간 동안 추세추종이 보인 플러스 실적은 1929년의 월스트리트 붕괴에만 국한되지 않는다. 네덜란드의 튤립 광풍 동안의 실적도 마찬가지다. 사실 그 전략으로는 역사상 가장 어려운 기간 동안에도 좋은 실적을 내는 듯하다."

당시의 또 다른 시뮬레이션 프로젝트에서 우리는 '완벽한 지식'의 가치를 확인하고 싶었다. 그래서 또 하나의 모형을 내놓았다. 내 편지를 다시 인용하면 다음과 같다.

"여러 투자 종목으로 구성된 한 포트폴리오에 대해 연말의 최종 가격을 우리가 안다면 어떻게 될까?" 이 질문에 답하기 위해 우리는 데이터베이스를 확보해 특정 연도의 12월 31일의 가격들을 살핀 다음에 이렇게 자문했습니다. "이 지식이 있었더라면, 최대 이득을 얻기 위해 동일 연도의 1월 1일에 얼마만큼의 레버리지를 사용할 수 있었을까?" 하지만 최종 가격을 완벽하게 내다보더라도 우리는 3 대 1 이상의 레버리지를 지속할 수 없었습니다. 왜냐하면 최종 가격에 이르는 과정을 예측할 수 없었기 때문입니다.

직관에 반하긴 하지만, 우리가 도달한 결론은 상관관계가 없는 자산들에 복수의 전략을 취함으로써 리스크를 줄이기 위해 레버리지가 사용될 수 있다는 것입니다. 우리는 실질적으로 포트폴리오의 표준편차를 줄여서 리스크를 낮출 수 있습니다.

인생에서 증명되듯이, 시장 행동을 예측하려는 가장 엄밀한 노력은 인간의 야심 그리고 굳건한 사실보다 더 매력적으로 보이는 그럴듯한 이야기를 믿고 싶은 욕구 때문에 좌절되고 만다.

이름이 뭐기에?
25달러가 200만 달러가 된 사연

———

알렉스와 마이클은 내가 이 업계에서 가장 큰 비대칭적 레버리지의 수익을 올리는 데 일조했다. 1994년 알렉스는 당시에 우리가 확보할 수 있었던 mint.com이라는 도메인명을 사자고 했다. 그걸 산 덕분에 우리는 전부 mint.com이 붙은 이메일 주소를 갖게 되었다. '뭐, 잘했네' 정도였지 누구도 그걸 진지하게 여기진 않았다. 도메인 이름 시장이 오늘날처럼 발전되지 않았던 때였다.

그러다가 2006년 아론 패처Aaron Patzer가 우리에게 연락을 해왔다. 패처는 자신의 회사인 민트 소프트웨어Mint Software, Inc를 통해서 온라인 금융 서비스 사업을 시작하려고 했다. 그래서 mint.com URL이 필요했다. 패처는 알렉스에게 전화를 걸어 10만 달러를 주겠다고 했다. 모두들 그것이 우리 인생을 극적으로 바꿀 일이 아니라고 여겼지만, 어쨌든 흥미가 당겼다. 마이클이 민트 소프트웨어를 조사해보니, 그 회사는 우수한 벤처 자금, 강력한 사업 계획 그리고 미래에 대한 비전이 있었다. 우리는 그 회사가 아주 특별할 수 있다고 생각했고, 주식을 노려야 한다고 결론을 내렸다.

나는 패처의 직원에게 연락해서 우리는 돈이 아니라 주식으로만 도메인 이름을 팔겠다고 말했다. 하지만 그쪽에서는 안 된다고 했다. 어쨌거나 우리는 10만 달러가 필요 없으니 다른 URL을 알아보라고 맞받아쳤다. 패처는 누그러져서 회사 지분의 2퍼센트를 우리에게 주었다. 아울러 그 회사가 자본을 늘릴 때에도 우리 지분을 유지할 수 있도록 지분희석방지Anti-Dilution 권리도 얻었다.

2009년 패처는 그 회사를 1억 7,700만 달러에 인튜이트Intuit에 팔았다. 그에 따라 우리 몫은 400만 달러가 되었다. 1990년대 초반에 알렉스가 그 도메인 이름을 살 때 몇백 달러도 들지 않았는데, 투자에 비해 매우 큰 수익이었다. 마이클과 알렉스도 약간의 돈을 투자해 대단한 수익을 올렸다. 나는 내 몫의 수익을 하이트 자선재단에 기부했다. 정말 근사한 일이었다!

다시 남의 돈을 관리하다

—

2010년 나는 ED&F 맨 출신의 친구 로드 스탠리 핑크와 함께 새로운 펀드 회사를 설립했다. 이때 알렉스와 길버트도 나와 함께했다. 로드 핑크는 수술과 건강 염려증에서 회복 중이었고, 다시 새로운 사업을 하기를 원했다. 이전에 그는 맨을 떠나서 우리가 민트에서 했던 종류의 트레이딩을 하는 펀드 회사를 설립하기를 원했다. 2010년 2월 21일 〈파이낸셜 타임스〉의 기사를 보자.

맨 그룹의 간판 펀드인 AHL이 사용하는 체계적 전략은 1980년대와 1990년대 미국에서 하이트가 선도적으로 도입했으며, 맨에 있던 핑크의 리더십하에서 절정에 이르렀다. 하이트가 개발한 복잡한 알고리즘 기반의 모형은 시장 추세를 포착해서 따라가는 방식인데, 그의 고객들에게 30퍼센트 이상의 수익을 안겨주었다.

하이트 캐피털은 한 플래그십 펀드에 합병되었다. 인터내셔널 스탠더드 애셋 매니지먼트International Standard Asset Management,이하 ISAM라는 회사였다. ISAM은 약 7억 달러의 관리 자금으로 시작했다. 우리의 목표는 외부 고객들을 대상으로 250여 개 시장에서 동일한 철학과 원리로 추세추종 전략을 운영하는 것이었다.

로드 핑크는 숫자가 좌우하는 게임으로 돌아가길 원했지만, 우리가 하이트 캐피털에서 했던 것과 같은 시스템은 없었다. 그가 말하기를 우리가 했던 일의 강점은 변동성이 큰 시장에서의 리스크 관리 문제를 오랜 시간대에 걸쳐 검사해낸 능력에서 나왔다고 했다. 그는 법인을 설립했고 우리는 다시 큰 게임에 뛰어들었다. 다시 말하지만, 기회와 싸우지 마라. 기회가 오면 그냥 올라타라.

내가 내 사업을 좋아한다면서 왜 ISAM에서 일하게 되었는지 궁금한 독자도 있을 것이다. 스탠리와 함께 그리고 스탠리를 위해서 한 일이기는 하지만, 특히 알렉스가 그 회사에서 수석과학자로 일하게 되어 더 좋았다. 내가 초창기에 베팅했던 사람이었기 때문에 그가 승승장구하는 모습을 보는 게 기뻤다.

더 재미있는 답이 하나 더 있다. 오래 전에 나에게는 제과업계 분야의 신사 고객이 한 명 있었다. 그는 자신의 회사를 1,000만 달러에 매각한 후 나를 찾아왔다. 그의 선택지에 대해 논의할 때 나는 그런 일은 자주 생기지는 않는다고 설명했다. 곧바로 그가 내 말을 바로잡아주었다. 그는 이제껏 바로 그런 종류의 거래를 여러 번 했다고 말했다. 그는 성공에 대한 간단한 공식이 있었다. 첫째, 자신이 잘 아는 업종(그의 경우엔 제과업)만 찾는다. 둘째, 30대 사람들과만 파트너 관계를 맺는다. 에너지와 열정이 넘칠 만큼 젊으면서도 인생 경험을 통해 세상 무서운 줄도 알 정도의 연령대이기 때문이라고 이유를 밝혔다. 나는 그 고객의 철학이 일리가 있다고 생각했고, 내 사업을 구상할 때 염두에 두었다.

로드 핑크는 2018년 12월에 ISAM을 나오기 전까지 회장을 맡았다. 나는 ISAM에서 초창기에는 즐겁게 일했다. 하지만 나는 잘될 주식을 고르고 대중 강연과 회의를 하는 워런 버핏 같은 투자자가 적성에 맞았지, 심한 변동성과 함께 살 수는 없었다. 알렉스가 말했듯이 "ISAM은 세상에서 가장 따분한 곳이었다. 아무도 고함을 지르지 않았다. 아무도 공포에 휩싸이거나 전화기에 대고 비명을 지르지 않았다. 트레이딩이 시작되면, 돈이 나오고 투자자자들에게 분배되었다."

그 회사의 수석과학자이자 핵심 인물의 말이다.

어느 시나리오에서든 생길 수 있는
최악을 확인하라
—

짐작하겠지만, 그 시절에는 여러 건의 나쁜 사건이 벌어졌다. 테러 공격으로 인한 금융시장 붕괴 또는 월스트리트의 트레이딩 알고리즘을 초토화시키고 막대한 손실을 초래한 부동산 경제 거품이 대표적이다. 나는 살아오면서 2008년 금융 위기와 국제적 경기침체 같은 위기를 많이 보아왔지만, 9·11 테러야말로 가장 큰 대재앙이었다. 이런 파괴적인 사건들은 전 세계 모든 사람에게 영향을 미친다. 나쁜 일은 역사상 계속 벌어져 왔다. 당신은 그런 상황에서 돈을 몽땅 잃고 싶지 않을 것이다. 이때 가능한 최악의 결과를 알면 당신은 엄청난 자유를 누릴 수 있다.

어떤 펀드 매니저들은 벌어질 수 있는 가장 최악의 상황이란 파산하여 고객들의 자금을 잃는 것이라고 말한다. 2008년 금융 위기 및 메이도프 금융 사기 사건을 통해 우리는 그보다 더 나쁜 결과도 실제로 일어난다는 걸 배웠다. 일부 투자자들은 법을 비켜가거나 위반하고 때로는 엄청난 비리를 저지르기도 하는데, 이런 짓을 저지르는 사람들은 대체로 법의 심판을 받게 된다.

당신은 어떤 시나리오에서든 벌어질 수 있는 최악의 상황을 파악하여 대비하길 원할 것이다. 한때 나는 신참내기 백만장자들을 대상으로 강연한 적이 있다. 주제는 '시장의 변동성 속에서도 부를 지키는 방법'이었다. 이 사람들은 자신들이 당시에 부자임은 알았지만, 10년 후에도 여전히 부자일지는 몰랐다.

나는 적절한 주름이 잡힌 검은색 영국 우산을 들고 연단에 올랐다. 그리고 청중들과 눈을 맞춘 채 몇 번 우산을 폈다 접었다. 어리둥절해하면서도 청중은 내게 주목하고 있었다. 나는 장모님의 장례식에 참석하려고 런던에 갔던 때의 이야기를 꺼냈다. 장례식 다음 날 아침에 아내의 고향 집 근처인 햄프스테드 히스Hampstead Heath를 산책하기로 했다. 날씨가 쾌청했는데도 아내는 이렇게 당부했다. "우산을 챙기세요."

나는 대꾸했다. "지난 7년 동안 런던에 6주에 한 번 꼴로 온 나한테 우산을 챙기라는 거예요?"

아내도 주장을 굽히지 않았다. "런던 날씨를 나보다 더 잘 안다는 말이에요? 나는 여기서 26년이나 살았다고요!"

기어이 나는 우산 없이 히스를 산책하러 나섰다. 그런데 비가 그냥 오는 정도가 아니라, 왕창 쏟아지더니 어느새 우박으로 변했다. 나는 차가운 연못에 빠져 허우적대는 강아지 신세가 되었다.

나는 키득거리는 청중을 바라보면서 이렇게 말했다. "리스크를 생각하기 제일 좋은 때는 시작하기 전입니다."

이렇게 말하자 청중은 더 크게 웃었다.

아주 부자인 내 친구 한 명은 이렇게 말했다. 인생 전체를 걸지 않으면, 트레이딩의 관점에서 볼 때 "어떤 나쁜 일도 당신에게 일어나지 않을 것이며, 생길 수 있는 최악의 상황을 애초부터 안다면 당신은 엄청난 자유를 누릴 것이다."

위기에 관한 나의 경험칙도 리스크 관리에 대한 우리의 역사적 접근법과 다르지 않다.

- **최악의 시나리오를 기준선으로 삼아라.** 나는 언제나 내가 얼마만큼의 리스크를 안고 있는지, 얼마만큼 잃을 수 있는지 알기 원한다.
- **시장 변동성으로 인해 자금을 잃는 것에 대비하라.** 당신은 제한된 범위의 금액 내에서 기꺼이 얼마만큼 잃어도 되는지 결정해야 한다. 감당할 수 있는 것보다 더 많은 금액을 변동성에 노출시켜서는 안 된다.
- **대략 연간 수익 정도의 금액을 잃는 것에 대비하라.** 예를 들어 10퍼센트 연간 수익을 목표로 한 전략은 20퍼센트 하락으로 인해 적어도 연수익의 두 배 손실을 입는다고 예상해야 한다. 따라서 30퍼센트 수익을 목표로 한 전략은 60퍼센트의 하락을 겪을 수 있다고 예상해야 한다.

마지막으로, 당신 자신의 경제적 생존을 걱정하지 않고, 그런 감정으로 인해 끔찍한 압박을 겪지 않을 때라야 어떤 위기에서도 더 나은 결정을 내릴 수 있다. 리스크 때문에 선선긍긍하는 사람은 합리적인 결정을 내릴 수 없다.

일어날 수 있는 최악의 상황을 늘 확인하고, 이에 따라 당신의 행동을 바꿈으로써 당신과 가족을 보호하기 바란다.

젊은 트레이더와 나눈 대화:
살아 숨 쉬는 부의 원칙을 나누다

이 책의 주된 목적은 내가 어떻게 트레이더로서 성공했는지, 그리고 이 통찰이 다른 사람들의 상황에 어떻게 적용될지를 소개하기 위해서다. 나는 여행 중에 젊은 트레이더들을 만나 이야기를 나누길 좋아하는데, 이것도 그런 소개의 일환이다.

나는 특히 콜레이드 올루월레Kolade Oluwole의 이야기를 좋아한다. 나이지리아인 아버지와 미국인 어머니 사이에서 태어난 이 남자는 대학에서 공학을 전공했지만 트레이딩에 관심이 생겨서 투자를 배우길 원했다. 그는 한때 엔지니어였다가 투자자로 진향하길 원했던 나의 오랜 동료 알렉스 그레이서먼과 닮아 있었다. 그래서인지 나에게 이런 아이디어가 떠올랐다. 만나서 이야기해보고 그 내용을 《시장의 마법사들》 형식으로 알려보자는 것이었다. 그래서 우리는 자리를 마련했다.

대학을 갓 졸업한 20대 초반의 콜레이드와 70대인 내가 만나서 트레이딩으로 돈을 버는 방법에 대해 소중하고 유익한 대화를 나누었다. 지금까지 이 책을 읽은 독자들은 이 대화를 통해 이제껏 논의해온 트레이딩 원칙들이 '살아 숨쉬고' 있음을 실감할 것이다.

콜레이드: 래리 선생님, 이런 자리를 마련해주셔서 정말 감사합니다. 선생님처럼 경험이 풍부한 분과 만나서 기쁩니다. 처음에 저는 비트코인을 거래하는 선물시장에 뛰어들고 싶었어요. 보니까 쇼트 포지션을 취하면 비트코인 가격이 하락할 때 수익이 나겠더라고요. 몇 달 동안 주로 비트코인 선물과 다른 파생상품에 트레이딩해왔어요. 이것들은 수익면에서 비교적 비슷해요. 그런데 최근에 궁금한 질문이 하나 생겼는데요.

래리: 뭐든 물어보세요.

콜레이드: 시장의 변동성이 커서 예측이 어려워요. 트레이더는 때때로 틀릴 수 있고 그러기 마련인 것 같아요. 따라서 손실을 줄이고 레버리지를 주의해야 해요. 궁금한 게 무엇이냐면 선생님은 어떻게 시스템을 만들게 되었고, 어떻게 트레이딩에서 뛰어난 성과를 낼 수 있었나요?

래리: 내 비결은 뭐든 시작하기 전에 내가 얼마만큼 베팅하는지를 정확히 안다는 겁니다. 그리고 어떤 것에 베팅하는지 그 이유도 정확히 압니다. 언제 빠져나올지도 정확히 알고요. 나는 추세추종자이거든요. 덕분에 저는 계속 살아남았고 꽤 부유해졌지요. 나는 기회가 있는지 살펴보다가 기회가 왔을 때 매수합니다. 하지만 매수하는 순간, 매도를 염두에 둡니다.

콜레이드: 완벽한 지식이 있더라도 가격이 어떻게 될지 정확하게 알 수는 없을 것 같은데요. 선생님은 어떻게 완벽하게 아시나요?

래리: 나는 이 업계에 40년 동안 있었습니다. 벤처 캐피털로 큰돈을 벌었지요. 상품선물시장에서도 큰돈을 벌었고요. 그 기간 동안 늘 내가 얼마나 기꺼이 잃을지부터 먼저 결정했습니다.

콜레이드: 얼마만큼 잃어도 된다고 결정하셨나요?

래리: 한 거래에 1퍼센트, 어쩌면 2퍼센트까지입니다. 나는 철저한 추세추종자예요. 그래서 심지어 펀더멘털도 보지 않습니다. 그건 나에게 중요하지 않기 때문에 개의치 않습니다.

콜레이드: 선물시장이든 주식시장이든 추세추종이 특정한 트레이딩에서 어떻게 활약하는지 설명해주세요. 선생님의 비결이 추세추종이라니, 설명을 좀 더 듣고 싶습니다.

래리: 추세를 타고 가거나 내리는 건 여러 시간 간격에서 평균 가격을 바탕으로 결정합니다. 시간 간격은 내가 규칙을 정하기에 따라 10일이 될 수도 있고, 100일이나 200일이 될 수도 있어요. 만약 한 가격이 그 평균보다 올라가면 매수합니다. 가격이 그 평균보다 떨어지면 매도하고요.

매수 가격과 매도 가격의 차이가 기본자본Core Capital의 리스크를 결정합니다. 기본자본은 투자자가 가진 자본인데, 이것이 트레이딩 자금원이지요. 내 말을 이해한다면, 그걸 초과하는 거래를 해서는 안 됩니다.

콜레이드: 알겠습니다. 기본자금을 초과하는 거래는 큰 문제일 수 있겠네요. 사실 트레이딩 횟수에 관한 질문이 있어요. 시장에서 활발하게 트레이딩할 때, 일 년 또는 일주일에 몇 건의 트레이딩을 하시나요?

래리: 정확한 건수를 미리 정해놓지 않고 적절할 때 트레이딩합니다. 어떤 것이든 내 기준에 맞으면요. 가격 기준선을 위든 아래로든 벗어나도 투입된 자금의 2퍼센트 이상을 잃지 않는다면 트레이딩에 뛰어듭니다.

콜레이드: 그게 전부인가요?

래리: 소규모 댄스파티 같은 겁니다. 고등학교 댄스파티에 가면 여자들이 많잖아요. 특히 더 마음에 드는 여자들도 있지요. 한 여자가 눈에 들어오면 가서 말을 겁니다. 퇴짜를 맞을 수도 있고 좋다고 하는 여자도 있겠지요.

콜레이드: 네.

래리: 어떤 여자한테 갔는데, 뜻대로 안 되었어요. 어떻게 해야 할까요? 다른 여자를 찾아야지요.

콜레이드: 트레이딩할 때, 비유하자면 매력적인 여자를 어떻게 찾아내시나요?

래리: 신고가를 달성하는가? 그게 추세의 상승을 알리는 신호입니다. 반면에 6개월 저가 또는 한 달 저가에 달했는가는 매도 신호이고요. 시장이 내게 알려주지, 내가 시장에게 알리는 것이 아닙니다.

만약 시장이 내게 어느 쪽으로 간다고 알려주면, 나는 올라탑니다. 만약 어떤 여자가 퇴짜를 놓으면 나는 '감사합니다'라고 말한 다음에 다른 여자에게 가서 춤을 추자고 청합니다. 우리는 춤을 추면서 즐거운 시간을 보낼 수도 있고, 어쩌면 저녁 식사를 함께할 수도 있고, 또 어쩌면 큰 인연을 만들어나갈 수도 있어요.

콜레이드: 댄스파티에서 마음에 드는 여자에게 춤을 추자고 할 좋은 때는 언제인가요? 다른 남자들과 이야기하고 있을 때는 아닐 것 같은데요. 다시 말해 추세에 언제 올라타시나요? 그런 기회를 어떻게 포착하시죠?

래리: 가격이 신고가에 도달하면 뛰어들 수 있습니다. 어느 방향으로 갈지를 알려주는 신호가 시장에서 나올 때입니다. 만약 6개월 평균 가격 위로 올라가면 그게 신호입니다. 그 신호가 시장이 어느 방향으로 갈지를 알려주지요. 바로 그때입니다. 신고가에 뛰어들었는데 가격이 하락하고 있으면, 어떤 시장이든 털고 나와야 합니다. 손절매를 해야 살아남습니다. 정말입니다. 데이비드 리카도를 아나요?

콜레이드: 모르는데요.

래리: 데이비드 리카도는 1700년대 투자계의 큰손이었습니다. 영국에서 최고 갑부 중 한 명이었지요. 취미로 그는 두어 명과 함께 시장경제학을 창안했어요. 하지만 그는 실제로 금융시장에서 트레이딩하는 것도 좋아했습니다. 곧잘 이

런 말도 했지요.

"주식을 샀는데 수익이 나는 종목이거든, 그 종목을 계속 따라가서 수익을 늘려라."

수익을 늘리는 사람은 부자가 됩니다. 얼마나 오래 수익이 늘어날지는 알 수 없으니, 너무 일찍 빠져나오면 안 됩니다. 그런 큰 수익 종목을 찾아내서 전체 자금의 8퍼센트 이상의 리스크를 떠안지 않는다면 큰 수익을 거둘 수 있어요.

콜레이드: 시장에 엄청난 호황이 올 수도 있을까요?

래리: 평균 수명이 어떻게 되었는지 보세요. 지금 사람들은 전 세계적으로 80대와 90대를 훌쩍 넘어서까지 삽니다. 예전보다 훨씬 더 건강하고요. 그러니 누가 알겠어요? 든든한 방법 하나를 알려드리자면, 주가현금흐름비율PCR*을 살펴보세요. 그런데 나도 질문이 하나 있어요. 콜레이드 씨는 투자자입니까, 트레이더입니까?

콜레이드: 단연코 저는 트레이더입니다.

래리: 왜요? 워런 버핏은 트레이더가 아닙니다. 워런 버핏은 10년, 20년 후에 큰 수익을 낼 것으로 보이는 회사들을 삽니다. 이 회사들 중 다수는 시장에서 저평가되어 있기 때

---

* 주가를 주당 현금 흐름으로 나눈 비율. 현재의 주가가 기업의 자금 조달 능력이나 영업 성과에 비해 어떻게 평가되었는지 알 수 있다.

문에 그는 싸게 사서 비싸게 파는 전략을 실행합니다. 부를 키우는 타당한 전략은 많아요.

콜레이드: 네, 그분은 펀더멘털을 보고 투자를 해요. 저는 추세가 어떤지 살피는 편이에요. 추세가 더블 톱Double Top이든, 더블 다운Double Down이든, 트라이앵글Triangle이든 간에요. 저는 추세가 어떻게 되는지만 보고, 그걸 바탕으로 트레이딩을 하고 싶어요.

저는 투자를 한 후 20년 동안 기다리고 싶진 않아요. 시장이 달아오르면 뛰어들었다가 반대로 내려가면 빠져나오는 편이 좋아요. 선생님을 만나기 전에 추세추종에 관한 자료를 많이 읽어보았는데, 저에게는 추세추종이 타당해 보였어요. 왜냐하면 상승 추세에 올라타면 그냥 따라가면 되잖아요. 계속 오르고 오르다가 방향이 반대가 되면 나오면 되고요. 워런 버핏은 한 번 투자한 종목을 20년 동안 보유할 테지만요.

래리: 어쨌든 그런 방식으로 세계 최고 부자들 중 한 명이 되긴 했어요. 내가 아는 사람들 중에서 버핏의 방법을 진지하게 따른 사람들은 모두 부자가 되었어요. 하지만 난 추세추종이 더 좋습니다. 내가 보기에 인간의 가장 큰 장점 중 하나는 적응 능력이에요. 시장은 우리에게 적응할 기회를 줍니다.

나에게 그건 카지노 운영과 비슷해요. 카지노를 운영하는 사람이라면, 어떤 사람들은 카지노를 이긴다는 걸 알지요. 100명 중에서 5명은 행운아이거나 포커 천재일지도 모릅니다. 그들은 카지노를 이기죠. 하지만 전체적으로 보자면, 모든 수치가 카지노에 유리합니다. 카지노는 셈하는 방법을 알기 때문에 대체로 이기게 됩니다. 하지만 어느 특정한 날에 특정한 방법으로 이기고 싶은 사람은 게임이 어떻게 진행되는지를 파악해야 하고, 승산을 알아내서 이길 가능성을 보고 게임을 해야 합니다. 때로는 자기 성향과 반대로 해야 할 때도 있을 겁니다.

5배의 수익을 낼 수 있는 주식(PER 5배인 저평가된 주식)을 20년에 걸쳐 산다고 생각해봅시다. 이런 식으로 계속 추가 매수해서 한 주식으로 10억 달러를 벌 수 있다면, 그렇게 할 겁니까?

콜레이드: 그렇게 할 거예요.

래리: 사람은 자기 자신을 벗어나지 못합니다. 누구든 어떤 성향을 갖기 마련인데, 어떤 나이일 때는 트레이딩에서 더블 톱을 좋아합니다. 그러다가 인생의 어떤 시점에서는 부동산에 관심을 갖게 될 수도 있지요.

돈을 벌기 위한 목표가 무엇이든 간에, 추세추종은 투자금 대비 수익 금액 사이의 차익 기대입니다. 그리고 목표를 결정하는 일이 중요합니다. 부를 어떻게 정의하는지 압니까?

콜레이드: 상대적인 개념이긴 한데, 저는 금전적으로 자유로운 것이에요.

래리: 멋진데요. 그럼 돈이 얼마 있어야 금전적으로 자유로울까요?

콜레이드: 지금 제가 갖고 있는 돈보다는 많고 선생님이 갖고 있는 것보다는 적을 것 같아요.

래리: 트레이딩으로 돈을 벌어서 이제 부유해졌다고 자신할 만한 금액을 말해주세요.

콜레이드: 수치로 말인가요?

래리: 네, 지금 나이가 어떻게 되나요?

콜레이드: 스물세 살이에요.

래리: 서른세 살에 얼마만큼 부유해지고 싶은가요?

콜레이드: 서른세 살에는 자산으로 200~300만 달러쯤 갖고 싶어요. 은행 계좌에 돈이 얼마나 들어 있는지는 크게 신경 쓰지 않겠지만, 적어도 부동산을 좀 갖고 싶고요. 좋은 직장에서 일하면서 좋은 인맥을 만들고 싶어요. 그리고 안정적인 기반으로 돈을 은행 계좌에 넣어두는 게 중요하다고 생각해요.

래리: 아주 구체적인 금액을 정해야 합니다.

콜레이드: 아주 구체적으로요?

래리: 목표가 있으면, 큰 도움이 됩니다. 먼저, 콜레이드 씨가 원하는 삶을 산 사람을 선택하세요. 아는 사람이라거나 대화해본 적이 있다거나 하는 건 중요하지 않아요. 그리고 원하는 게 뭔가요? 그걸로 뭘 할 건가요?

구체적으로 부를 정의해야 합니다. 로버트 기요사키는 부를 이런 식으로 정의합니다. 현재 갖고 있는 현금만으로 앞으로 3년 동안 살 수 있다면 부자라고요. 이 3년이 어떻다고 보나요? 5년이면 될까요? 아니면 2년? 자기 목표를 구체적으로 알아야 합니다.

콜레이드: 그 내용이 기억나요. 그 사람 책을 읽었거든요.

래리: ITT라는 회사가 있었습니다. 그 회사를 운영하는 사람은 헤럴드 제닌Harold Geneen이라는 거물급 인물이었지요. 헤럴드는 나와 금세 친해졌어요.

어느 날 점심식사에 나를 초대해서 이렇게 말했지요. "자네, 영화 좋아하나?" 물론 좋아한다고 대답했어요. 그러자 그는 교훈 하나를 알려줬어요. 영화를 볼 때는 어떻게 끝나는지를 몰라야 긴장감을 갖고 영화에 몰입한대요. 하지만 기업을 인수할 때는 끝을 미리 아는 편이 좋다더군요. 그걸로 뭘 할지, 그리고 인수하기 전에 어떻게 인수를 진행할지를 정확하게 아는 게 낫다고요. 그게 영화 보기와 기업 인수의 차이라고요. 또한 매수 후 보유 전략과 추세추종의 차이이기도 합니다.

나는 언제 그리고 왜 빠져나오는지를 언제나 알고 있어요. 처음부터 거래가 어떻게 끝날지 알고 있지요.

콜레이드: 멋진데요.

래리: 프로그래밍할 줄 아나요? 내 트레이딩 방식에서는 그게 정말로 유용합니다.

콜레이드: 저도 조금 알아요. C언어와 자바를 조금 할 줄 알고, CFF와 HTML도 조금 해요.

래리: 나의 투자 방식의 장점은 그게 전에 일어났던 일이라는 겁니다. 콜레이드 씨도 코딩 실력을 이용해서, 과거의 데이터를 살펴서 트레이딩 규칙을 검사해볼 수 있어요. 어떤 전략이 언제 통하는지 또는 통하지 않는지를 알아볼 수 있어요. 그런데 말이에요, 투자의 위대한 점은 투자하지 않아도 된다는 겁니다.

콜레이드: 무슨 뜻인가요?

래리: 거래에 관해 충분히 알지 못하면, 거래를 하지 말아야 합니다. 거래를 어떻게 할 것인지, 왜 하는지, 어떤 방식

으로 하는지 얼마나 오래 할 것인지를 알아야 하고, 계획을 세워야 합니다. 그런 체계를 갖추려면 연습이 필요한데, 데이터베이스를 확보해서 트레이딩을 시뮬레이션해보면 그런 연습이 가능하지요. 시뮬레이션을 이용해서 수치가 어디로 가는지 파악하는 능력을 검사해보세요.

콜레이드: 좋은 말씀이에요.

래리: 시뮬레이션을 해보면 수학적 증거, 확률, 승산, 리스크를 파악하게 됩니다. 얼렁뚱땅이 들어설 자리가 없어요. 나는 수치를 좋아하는데, 그건 해석에 따라 오락가락하지 않기 때문입니다. 수치는 사실이죠.

만약 내가 마이애미에 있으면서 바다가 푸른색이라고 콜레이드 씨에게 말한다면, 그게 무슨 뜻일까요? 짙은 푸른색? 연한 푸른색? 감청색? 아니면 담청색? 반면에 내가 7이라고 말하면, 콜레이드 씨도 그게 7임을 압니다. 그리고 누구든 똑같은 7을 보면 그게 7임을 압니다. 이처럼 무언가를 할 때 그게 무엇인지 그리고 어떻게, 언제, 왜 하는지가 명확하면 좋습니다.

콜레이드: 그러니까 목표를 세우고 어떻게 달성할지에 대해서 수치로 시뮬레이션을 해보는 것이 아주 중요하다는 말씀인 거죠?

래리: 네, 바로 그겁니다. 시뮬레이션이 필요해요. 그러니 연습해보세요. 연습하는 건 공짜입니다.

콜레이드: 네.

래리: 예를 들어 옵션으로 시작해보세요. 그걸 사용하는 방법을 정확하게 정의할 수 있습니다. 무엇을 얻게 될지도 정확히 알게 되지요. 외환을 구매하든 비트코인을 팔든 종목에 연연하지 마세요. 무엇을 트레이딩하는지는 중요하지 않아요. 중요한 것은 시장에 있는 단 하나의 근본적인 요소입니다. 그게 뭔지 아나요?

콜레이드: 아뇨, 뭔데요?

래리: 시장의 가장 근본적인 요소는 사람입니다. 그거예요, 사람. 사람은 수천 년 동안 바뀌지 않았습니다.

콜레이드: 선생님은 투자를 배우는 데 시간이 얼마나 걸렸나요? 대단한 수익을 내는 트레이더가 되는 데 시간이 얼마나 걸렸죠? 리스크를 관리할 줄 알아야 크게 성공한다는 걸 이해하기까지는요? 이 모든 것을 깨우치는 데 얼마나 오래 걸렸나요?

래리: 내 인생은 부자가 되기 위한 기나긴 여정이었습니다. 일단 어떻게 하는지 알고 난 다음에 나 자신의 계획을 따랐지요. 이 여정에서 만난 사람들 중에는 손실을 인정하지 않

으려다가 길을 잃은 사람들이 많습니다. 한때 훌륭한 트레이더였던 내 친척 한 명은 손실을 손실로 받아들일 수 없었어요. 그는 손절매를 하길 두려워했고, 결국 파산하고 말았습니다.

손실을 줄이고 수익을 늘리는 건 어렵지 않아요. 하지만 어떤 사람들은 그렇게 하는 것을 매우 어려워합니다. 반면에 그게 아주 쉬운 사람들이 있는데, 제가 그렇지요. 그게 내 여정의 핵심입니다. 정확히 걸린 시간요? 그건 잘 모르겠네요.

콜레이드: 제가 100명의 트레이더와 만났다고 가정해봐도 어느 누구도 이렇게 말하진 않을 거예요. "나는 정말로 손실이 늘어나도록 내버려두는 걸 좋아합니다." 그렇다면 손실을 막는 방식에 있어서 데이비드 리카도나 선생님의 방식이 다른 많은 전문가와 다른 점은 뭔가요? 다시 반복하지만, 누구도 이렇게 말하지는 않을 테니까요. "아, 손실이 크네. 계속 커지게 놔두지 뭐. 손실이 자꾸자꾸 커지면 좋겠네."

래리: 그들이 손실을 막으려고 무엇을 하는가? 그게 관건입니다.

콜레이드: 좋은 길을 방해하는 이런 행동을 우리는 왜 하는

걸까요?

래리: 모두 자기 자신의 문제입니다. 어떤 리스크를 떠안게 될지 스스로 알아야만 해요. 얼마만큼 잃어도 감당할 수 있을지 스스로 잘 알아야 합니다. 무엇을 얻을지도 대략 알아야 합니다. 그리고 자신이 거래하고 있는 것에 대해 겸손해야 합니다. 어떤 사람들은 정반대로 합니다. 자신이 모든 것을 안다고 확신하지요.

내 경쟁자들 중에는 자신들이 세상에서 제일 똑똑하다고 절대적으로 확신하는 사람들이 있었어요. 하지만 가장 중요한 일은 살아남는 것임을 그들은 잊고 말았어요. 너무 큰 리스크를 떠안는 바람에 한 번의 막대한 손실이 여러 번의 작은 수익들을 집어삼켜 버렸지요. 있잖아요, 내가 한 일은 양의 평균 게임이에요. 손실은 작게 유지하고 벌 때는 아주 크게 벌었기 때문에 결코 음의 평균이 되는 위험에 빠지지 않았지요.

트레이딩을 일종의 게임으로 취급하면, 실제로 그렇기도 하고요, 트레이딩에 많은 방식이 있음을 알게 됩니다. 그러면 잘 통하는 한 가지 방식이 드러날 텐데, 그걸 계속 고수하면 부자가 될 겁니다.

콜레이드: 아주 좋은 말씀이세요.

래리: 콜레이드 씨는 수학적인 감각이 뛰어나서 이해를 잘하는 것 같네요. 트레이딩은 인내의 게임입니다. 시작부터 손실을 감당할 수 있는 수준으로 만들면, 부자가 될 겁니다. 내 어머니가 브루클린에 사실 때, 일주일에 한 번 집에 가면 어머니가 묻곤 하셨지요. "어땠니?" 나는 대답했지요. "저기, 어머니, 10만 달러를 잃었어요." 그러면 어머니의 반응은 이랬어요. "아니, 세상에. 어쩌면 좋니?" 하지만 그건 나에게는 큰일이 아니라는 걸 어머니는 몰랐지요. 그건 우리 펀드의 아주아주 작은 퍼센티지(보통 2퍼센트 미만)였거든요. 주머니에 100달러가 있는데 그중 1달러를 잃었다고 울고불고 할 일인가요?

콜레이드: 아뇨.

래리: 어머니는 돈의 액수를 보았고, 나는 비중을 본 것이지요.

콜레이드: 선생님은 액수가 아니라 퍼센티지를 중시하는 안목을 타고 나신 것 같아요. 대다수 사람은 선생님처럼 손실에 대처할 수는 없을 거예요.

래리: 나에게는 이점이 있었습니다. 운동을 지독하게 못했으니, 지는 것에 익숙했지요. 지다 보면 손실을 적게 유지하고 수익을 크게 하는 법을 알아낼 수 있습니다. 그 비율이 중요합니다. 총 금액에서 얼마만큼을 기꺼이 베팅해야 할까요?

각자의 성향대로예요. 사람들마다 천차만별이지요.

일부는 잘해나갈지 모르고, 운도 매우 좋을 수 있어요. 하지만 실적이 좋은 사람들 대부분은 추세추종자예요. 내가 이 일을 처음 시작했을 때만 해도 추세추종을 하는 사람들이 많지 않았어요. 콜레이드 씨도 이 방식을 잘 익혀나가면 좋을 거예요. 잘할 것 같아요. 손실을 최대한 작게 유지한다면 잘될 겁니다.

그런데 회사에서 일하게 될 수도 있을 텐데, 내가 회사를 위해 일하는 걸 그만둔 이유는 회사에는 얽히고설킨 인간관계, 온갖 회의 그리고 뒷담화가 난무하기 때문이었어요. 난 그런 건 딱 질색입니다. 나 자신의 돈을 버는 게 재미있어요. 남을 위해 일하고 싶진 않아요. 나는 회의를 잘하는 능력을 그다지 키우고 싶지도 않았어요. 다만 트레이딩을 아주 잘하고 싶고, 부자가 되고 싶었을 뿐이었지요.

콜레이드: 경제적 자유를 원하셨네요.

래리: 뛰어난 사냥꾼이 될지, 아니면 뛰어난 헛소리꾼이 될지 결정해야 합니다. 부족의 생존이 사냥에 달려 있던 시대에는 최고의 사냥꾼들은 들소가 달리고 있을 때 빈둥거리고 있지 않았어요. 오두막에 모여 앉아서 누구 창이 가장 뾰족한지, 누가 창을 가장 멀리 던지는지에 대해 노닥거리

지 않았어요. 부족에 훌륭한 사냥꾼이 많을수록 부족은 더 많은 사람이 살아남았죠. 오늘날 훌륭한 트레이더들은 자신들이 카지노를 운영하듯이 승산을 정합니다. 시간이 갈수록 상황이 더 유리해지고 있어요. 승자들도 더 많아지고 있고, 자본도 많아지고 있어요. 콜레이드 씨는 올바른 길에 들어섰어요.

콜레이드: 고맙습니다, 선생님.

인생의 선택은 배당금이
있는 곳으로 하라

어렸을 때와 청소년 시절을 종종 떠올리면, 내가 얼마나 절망 적인지(가난하고 눈의 절반이 멀고 난독증에 동작이 굼뜨고 운동을 못하는 아 이), 그리고 성공할 가능성은 바닥으로 안타까울 지경이다. 하 지만 나는 그런 약점을 이겨냈다. 상황이 좋아지기 시작한 건 30대로 들어선 이후였는데, 그 이전에는 아무도 내 잠재력을 알아차리지 못했다. 누구도 내 길을 예측해내지 못했다.

만약 나에게 더 쉬운 길이 있었다면, 지금처럼 성공했을까? 왜냐하면 실패야말로 내 성공의 바탕이었기 때문이다. 사람들은 긍정적인 사고의 힘을 말하지만, 내가 보기에 힘은 부정적 사고에 있다. 잃는 것이 일반적이었기 때문에 나는 잃는 것에 아주 친숙해졌다. 워낙 많이 잃어서 더 이상 잃을 게 없었으므로 잃는 것이 나를 파멸시킬 수 없었다.

나는 그냥 일어나서 계속 다시 시도했다.

그것이 내 성공의 진짜 비밀이다.

다시 일어서려는 사람들에게 주는 래리의 조언

- 손실을 감추지 말고 알려라.
- 현명한 사람들한테 수익을 나눠줘서 당신을 돕게 만들어라.
- 인간의 감정에 연연하지 마라.
- 계획을 세워라.
- 하루를 산뜻하게 시작하고 집에서 먼 곳에서 일하라.
- 충동적으로 일을 벌이지 마라.
- 사람들이 당신과 일하기 편하도록 분위기를 만들어라.

◆ ◆ ◆

오랫동안 아주 많은 일에 실패했던 사람이 어떻게 성공할 수 있었을까? 처음부터 나는 무엇으로 성공할 수 있을지 확률을 살펴보았다. 우선 내가 잘할 수 없는 일들은 모조리 제외시켰다. 나는 뛰어난 운동선수는 결코 될 수 없었다. 난독증을 고쳐서 뛰어난 학자가 될 수도 없었다. 그런 쪽의 승산은 너무 낮았다. 일단 나쁜 베팅을 제외하고 나자, 목표를 이루기 위해 다른 일들을 할 수 있게 되었다.

좋은 베팅 중에서도 내가 아주 좋아하고 공짜로 할 수 있는 일을 골랐다. 이런 선택을 하면 엄청난 이점이 있는데, 대다수 사람보다 더 열심히 일할 수 있기 때문이다. 나는 돈을 벌기 위해 투자하는 일을 무척 좋아했다. 전화기를 붙들고 한참 동안 일해도 시간 가는 줄 몰랐다. 재미있어서 하는 일이니까.

앞서 말했듯이, 내게는 엄청난 욕구가 있었다. 경제적 자유를 얻으려는 진지한 열망이 있었다. 내가 실패와 성공이 뒤섞인 사적인 이야기를 전하는 이유는 누구든 꿈을 꾼다면 한계를 극복할 수 있음을 보여주기 위해서다. 예상보다 인생이 나아질 수 있고 불리함을 극복할 수 있음을 모두 알게 되면 좋겠다.

누구나 그렇듯이 나도 열심히 일하는 것이 가치 있다고 배웠다. 하지만 나는 힘들게 일하기는 과대평가되었음을 알게 되었다. 똑똑하게 일하기야말로 엄청나게 큰 수익을 안겨준다. 레스토랑에서 수백만 달러짜리 계약을 성사시키는 기업 임원은 부엌에서 설거지를 하며 적은 임금을 받는 사람들보다 더 열심히 일하지 않는다. 하지만 임원이 더 부자다. 당연히 상황은 반대가 될 수 있다. 만약 설거지하는 사람이 똑똑하게 일하기 위해 더 수익이 높은 직업을 얻으려고 무언가를 배우기 시작하고, 임원이 지출 보고서를 허위로 작성하여 해고를 당한다면 말이다.

누구든 선택을 할 수 있다. 트레이더이든, 작곡가든, 설거지하는 사람이든 간에 선택이 그 사람의 성품과 인생을 결정한다. 우리는 나쁜 결혼이나 나쁜 직업에서 빠져나올 능력이 있다. 학교를 마칠 능력이 있다. 고도 비만이 되지 않을 능력이 있다. 꿈이 있는 사람이라면, 매일 자신의 앞길을 열어줄 일을 선택해야 한다.

그런데 문제는 사람들이 어떤 선택을 하기 위해 확률의 관점에서 충분히 생각하지 않는다는 것이다. 확률의 관점에서 생각해야 똑똑한 베팅을 할 수 있다. 똑똑한 베팅을 하는 사람은 이기기 마련이다.

다음번에 인생의 길, 새 사업 또는 투자 포트폴리오를 선택할 때에는 스스로에게 다음 질문들을 해보기 바란다.

- **어떤 선택을 해야 목표에 더 가까이 갈 수 있을까?** 몇 단계 앞까지 내다보는 게 좋다. 그래서 나는 당신이 누구인지, 무엇을 원하는지 알라고 권하는 것이다. 아주 많은 사람이 교육의 가치를 과신한다. 물론 나도 교육의 가치는 인정한다. 하지만 자신이 누구인지, 그리고 무엇을 원하는지 모른다면 교육도 아무런 소용이 없다.

- **올바른 곳에서 게임을 하고 있는가?** 많은 부가 행운에 의해 생기긴 하지만, 먼저 행운을 기대할 수 있는 곳에 가 있어야만 한다. 배우가 되고 싶다면서 오디션에 참가하지 않는다면 뜻을 이룰 수 없다. 내가 아는 한 배우가 있는데, 그는 너무 뻣뻣하고 어설퍼서 도저히 성공할 것 같지 않았다. 하지만 올바른 곳에 있었기 때문에 행운을 잡았다. 차츰 뛰어난 배우로 성장하더니 결국 브로드웨이까지 진출했다. 자리를 잘 찾아야 성공하는 법이다.

- **실현 가능한 선택일까?** 만약 이 베팅을 1,000번 한다면 승산이 얼마일까? 앞서 말했듯이 나는 마이클 조던이나 타이거 우즈가 될 수는 없었다. 그건 실현 불가능했다. 반면에 트레이더가 되는 것은 나의 천성, 인내심 그리고 취

향 덕분에 실현 가능했다. 그렇기는 해도 나는 공식적인 수학 교육이나 컴퓨터 교육을 받지 못했다. 그래서 그런 실력을 지닌 사람들과 파트너십을 맺었다. 그러자 내 목표는 실현 가능해졌다. 당신에게 실현 가능한 선택은 무엇인가?

- **일어날 수 있는 최악의 상황이 무엇일까?** 베팅을 결정하기 전에 최악의 상황을 정면으로 직시하기 바란다. 무엇을 잃게 될 수 있는지 알아야 한다. 일어날 수 있는 최악의 상황을 감당할 수 없다면, 그건 나쁜 베팅이다.

- **만약 이기면, 얼마를 벌 수 있을까?** 이것은 돈 문제다. 당신이 원하는 가장 큰 수익 금액을 말한다. 그리고 그 수익이 얼마일지 스스로에게 물어보라. 수익이 의미가 있을 만큼 큰 금액인가, 아니면 작은 금액인가? 만약 어떤 베팅에서 이겨서 일 년에 1달러를 번다면, 이것은 과연 이기는 베팅일까?

나는 비대칭적인 베팅을 했기 때문에 큰 돈을 벌었다. 리스크는 작고 수익은 컸다. 트레이딩에서 옵션과 손절매를 이용하면 그렇게 할 수 있다. 또는 인생에서는 지식, 시간 그리고 다른 사람들과의 친분을 이용하면 그렇게 할 수 있다. 리스크보다 훨씬 큰 수익을 낼 수 있는 일에 도전하기 바란다.

- **선택을 한 후 만약 일이 잘못되었을 때 겸손하게 인정하고 달라질 수 있을까?** 실패는 단일 사건일 뿐이다. 한 인간으로서 실패했다는 뜻이 아니다. 실패하면 손실을 막고 잃고 있는 것을 중단하면 된다. 거기서 빠져나와서 최대한 빨리 그리고 똑똑하게 다른 좋은 베팅을 찾기 바란다.

◆ ◆ ◆

이렇게 말하는 사람도 있을지 모른다. "그런데 래리 씨, 당신은 운이 좋았던 거예요. 상품선물 및 컴퓨터를 이용한 트레이딩 기법이 막 시작될 때 업계에 들어왔으니까요." 일리 있는 말이다. 금융업계는 지금도 사람들에게 기회를 주는데, 내가 젊었을 때보다 훨씬 더 큰 기회를 준다. 기술 혁명의 시대가 아닌가? 컴퓨터는 한때 냉장고 크기만 했다가 지금은 신용카드 크기이며 자꾸만 더 저렴해지고 있다. 다음에는 고성능 로봇과 센서 그리고 인공지능이 출현할 것이다. 자율주행차 등장도 임박했다.

이 책에서 이미 여러 번 말했듯이, 시장은 비효율적이다. 바로 그런 비효율성 때문에 기회가 생긴다. 시장이 효율적이라면 사람들은 일하거나 투자할 동기가 없을 것이다. 비효율성 때문에 사람들은 혁신을 통해 더 낫고 더 빠르고 더 값싼 서비스와 제품을 창조할 동기가 생긴다. 그러니까 사람들이 더 열심히 일하고 무언가를 추구하고 달성하도록 이끄는 동기가 늘 존재한다는 뜻이다.

시간이 흐르면서 어떤 혁신이 평범한 것이 되면, 유리함이 사라진다. 하지만 그때 새로운 시장에서 새로운 기회가 출현한다. 각자의 시간과 장소에서 그런 기회를 찾는 것은 각자의 몫이다. 그런 기회는 반드시 있다. 그런 기회를 찾기 위해 당신이 무엇을 원하는지만 알면 된다. 당신이 원하는 것은 어떤 특성이 있는가? 정확히는 모르더라도, 원하는 것이 어떤 유형인지는 알아야 한다.

성공하고 나면 어떤 삶이 펼쳐질까
—

돈을 벌고 있는 동안 당신은 성공하고 나면 무엇을 할지 계획을 세워야 한다.

나는 아주 풍족한 삶을 살고 있지만 사치와는 거리가 멀다. 내가 관심을 갖는 것은 창의성이다. 80대인데도 나는 여전히 돈을 버는 새로운 방법을 고안하는 데 끌린다. 다음에 올 혁신이 늘 나의 최대 관심사다. 지금도 나는 시장 분석가에게 전화를 걸어 이런 아이디어를 검사해달라고 부탁한다. "역대 최고가에 다다른 주식을 무작위로 고르면 어떻게 될까?"

최근에 나는 부동산을 사기 시작했다. 늘 하던 방식대로 내게 없는 전문지식을 가진 똑똑한 파트너를 찾았다. 이 분야에서는 그들이 전문가니까. 그들은 전부 또는 거의 대부분 임대를 내준 건물을 찾아서 시장 가격보다 10퍼센트 낮은 가격에 임대한다. 건물을 더 좋게 유지하면서도 임대료를 10퍼센트 낮게 받는다. 이것은 아주 멋진 방법인데, 이렇게 하면 공실이 생기지 않는다.

그러다가 5년 내지 7년쯤 후에 담보 설정 변경Remortgage을 한다. 즉 다시 돈을 빌린다. 그러면 현금이 생긴다. 세금을 내지 않고서 건물을 파는 것과 비슷하다. 건물을 파는 대신에 돈을 빌렸으니 여전히 건물을 소유하고 있다. 그들은 건물 1에서 나온 현금으로 건물 2를 산다. 이 현금은 빌린 돈이니까 세금을 내지 않고 얻은 것이다. 한편 건물에는 일정 부분 감가상각이 생기는데, 건물의 어떤 부분은 더 빨리 닳는다. 그래서 감가상각이 빨라지는 정도를 바탕으로 회계 처리를 한다.

이런 식으로 부동산업을 하는 사람들은 큰돈을 번다. 그들이 가진 건물은 으리으리하지 않다. 그들은 트럼프와 다르다. 낮은 층들에는 온갖 화려한 공간들이 가득하고 위층에는 작고 볼품없는 소규모의 공간들이 있는 그런 건물을 선호하지 않는다. 그들은 최상의 거래를 한다. 그리고 나도 이런 방식으로 많은 돈을 벌고 있다.

그게 내가 하는 일이다. 예전부터 하던 일과 원리는 똑같고, 다만 새로운 기회를 잡을 뿐이다.

◆ ◆ ◆

1987년에 나는 재단을 설립했다. 그해 캐리비안 해변에서 겨울 휴가를 보내던 중에 전화 통화로 거래를 성사시켰다. 그 한 통의 전화로 100만 달러를 벌었다. 기분이 날아갈 듯했다. 그다음 주 뉴욕으로 돌아와서 어느 날 밤에 세계무역센터에 갔더니, 많은 사람이 건물 안으로 들어오고 있었다. 대체로 행색이 초라해 보였다. 경비원에게게 무슨 일이냐고 물었더니, 그날 밤 한파가 몰려와서 노숙자들이 잠자리를 찾아 안으로 들어오고 있다고 말했다. 그런 사연을 접하고 나니 기분이 달라졌다. 100만 달러를 버는 것은 별로 중요하지 않아 보였다. 그때부터 나는 어려운 사람을 어떻게 도울까 생각하기 시작했다.

누군가가 내게 죄책감 때문에 기부를 하느냐고 물었다. 나는 죄책감을 느끼지 않는다. 그리고 종교적인 이유로 기부를 하지도 않는다. 하지만 누구나 적어도 이론적으로는 동의할 어떤 황금 규칙은 갖고 있다. 공자는 그것을 내가 특히 좋아하는 방식으로 설명했다. 인생에서 행동 원리로 삼을 수 있는 한 가지가 있느냐는 질문을 받고 공자는 이렇게 대답했다.

"그것은 서(恕, 호혜성)이다. 내가 원하지 않는 바를 남에게 하지 말라는 것이다."

나는 호혜성을 존중한다.

내가 처음으로 큰 기부를 한 대상은 수술이 필요한 아제르바이잔의 한 젊은 여성이었다. 그녀에게는 샌프란시스코에서 무료로 수술을 해주기로 한 의사와 병원이 있었다. 하지만 일단 그녀와 어머니가 그곳으로 가야 했다. 1만 달러가 필요했고, 나는 기꺼이 그 일을 성사시켰다. 오히려 내가 더 기뻤다. 한 생명을 살릴 수 있었기 때문이다. 하지만 나는 현실적인 성향인지라, 차츰 단 한 명을 돕는 일이 아니라 어떻게 하면 더 큰 효과를 낼 수 있을지 생각하기 시작했다.

1987년에 나는 가족재단을 설립했다. 똑똑한 방식으로 기부를 해서 최대한 많은 생명에게 도움을 주기 위해서였다. 처음에 그 재단은 비교적 작았으며 우리가 좋아하는 자선단체에 기부하는 것으로 지금 요건을 충족했다. 하지만 내가 돈을 더 많이 벌고 기부를 더 많이 하게 되면서 재단도 커졌다. 때문에 우리는 전략적이고 전문적으로 재단 일을 하기 위해 컨설턴트를 고용했다. 우리 딸들이 고등학생이 되었을 때, (지도교사의 감독하에) 원하는 단체에 5,000달러의 지원금을 보낼 기회를 주었다. 큰딸은 뉴저지주 뉴워크에 있는 한 방과후 프로그램을 선택했고, 막내는 한 미술관에 아이들을 위한 사진 프로그램을 선택했다(흥미롭게도 두 딸 중 한 명은 치료사가 되었고, 다른 한 명은 사진 역사학자가 되었다).

우리는 다방면에 기부했다. 내 첫 아내 시빌은 사회복지학 석사학위를 받았으며, 뉴욕시 위탁양육시설에서 아이들과 함께 10년을 보냈다. 아내의 신조는 모든 아이에게 안전하고 사랑받는 가정이 있어야 한다는 것이었다. 때문에 우리 재단은 위탁양육 체계를 개혁하는 단체에 기부했다. 아내는 사진과 미술도 좋아해서 뉴욕시와 영국의 주요 미술관에서 열리는 전시회에 자금을 지원했다.

이번에도 나는 현실적인 기질을 발휘했다. 투자할 때 가장 큰 수익을 원하듯이, 기부할 때에도 나는 가장 많은 사람에게 도움을 주길 원했다. 그런 이유로 나는 의학 연구에 기부했다. 누가 알겠는가? 어쩌면 20년 후에 내가 기부하고 있는 단체들 중 한 곳에서 암 치료법을 개발할지 말이다.

내 친구 스탠리 핑크도 나와 관점이 비슷하다. 2005년 그는 에벨리나 런던 어린이 병원Evelina London Children's Hospital에 새 건물을 짓도록 돈을 기부했다. 그곳은 100년 만에 런던에 지어진 최초의 어린이 전문 병원이다. 그 후 얼마 지나지 않아 내 아내 시빌이 죽어가고 있었다. 아내는 런던 출신이었다. 런던에 있는 맨 그룹 출신의 친구인 하비 맥그래스Harvey McGrath에게 연락해서 내 아내가 런던에 관한 이야깃거리를 그리워한다고 말한 다음에 "당신의 아내 앨리슨이 내 아내에게 전화를 걸어서 일주일에 한 번씩 런던 사회에 대해 이런저런 이야기를 해줄 수 있겠느냐"고 부탁했다. 앨리슨은 내 부탁을 들어주었다. 그 고마움을 나는 평생 잊지 못할 것이다. 나는 에벨리나 런던 어린이 병원의 신생아실에 여섯 개의 미숙아 침대를 기부했다. 그것은 아내 시빌 하이트 그리고 친구의 아내 앨리슨 맥그래스를 기념하여 런던에 선물을 한 셈이었다.

이후로 1,000명 정도의 아이들이 그 침대를 사용했다. 나는 그 아이들이 누군지 그리고 어떻게 살아갔는지 모른다. 하지만 그 아이들이 더 나은 삶을 살도록 내가 도운 건 분명하다. 1,000명의 사람을 돕는 일을 할 기회가 우리 인생에서 몇 번이나 있을까?

몇 해 전에 나는 독재정부의 압박을 받는 학자들을 자유롭게 만드는 일에 관심이 생겼다. 대체로 학자와 지식인들은 독재자에 맞서 제일 먼저 목소리를 내는 사람들로, 투옥되거나 살해당할 가능성이 크다.

헨리 카우프만Henry Kaufman과 앨런 굿맨Allan Goodman은 생명을 살리려고 애쓰는 좋은 사람들이다. 그들은 학자구조펀드Scholar Rescue Fund, SRF라는 이색적인 단체를 이끌고 있다. 이 두 사람을 통해 나는 우간다에서 의학 연구를 하고 있던 한 생물학 박사의 이야기를 들었다. 이디 아민의 군사 독재정권 시절, 한 군인이 그에게 와서 트럭을 내놓으라고 했다. 그 과학자는 실험에 사용할 트럭이라서 안 된다고 했다. 그러자 군인은 총을 꺼내서 과학자의 머리를 날려버렸다. 그는 우간다에 있는 다섯 명의 박사 중 한 명이었다. 총알 한 발이 그 나라의 소중한 존재를 없애버린 것이다.

그 과학자의 의학 연구가 1,000명의 생명을 살릴 수도 있었을 텐데, 나는 안타까운 마음이 들었다. 그래서 스스로에게 물었다. 1,000명의 사람을 살릴 수 있는 기회가 내 인생에서 몇 번이나 있을까? 그래서 억압받는 학자들이 압제적인 나라를 벗어날 수 있도록 돕는 학자구조펀드를 지원하기 시작했다. 학자구조펀드는 그런 학자들이 안전하게 살면서 연구하도록 외국의 대학에 다닐 장학금을 주는 일을 한다. 이런 일에 관여하면서 배운 교훈이 있다. 바로 최고의 일은 이런 일이 발생했을 때 많은 사람을 살릴 수 있는 누군가를 살려내는 것이다. 그리고 이런 일로 발생할 수 있는 가장 나쁜 상황이라고 해봤자 단 한 명을 살려내는 것뿐이다. 어쨌거나 둘 다 좋은 일이다.

최근에 지금 아내인 샤론과 나는 교육과 문화를 촉진하는 단체에 기부했다. 구체적으로 말해 음악 단체에 기부했다. 내가 보기에 음악이야말로 인생에서 누리는 가장 위대한 축복이라고 생각하기 때문이다.

살아오면서 내가 했던 선택에 감사한다. 덕분에 나는 꾸준히 돈을 벌고 세상을 더 낫게 만드는 일을 할 수 있는 지금의 자리에 오르게 되었다. 당신도 그렇게 되기를 바란다.

◆ ◆ ◆

이 책에서 내가 한 말을 한 편의 시로 요약하자면 바로 러디어드 키플링의 시가 제격일 듯하다(남자에게 말하는 마지막 행에 대해 사과를 드린다. 키플링이 살던 당시에는 저런 표현이 아무런 문제가 없었겠지만, 어쨌든 나는 이 시가 여자에게도 똑같이 통한다고 본다).

만약

러디어드 키플링

만약 뭇사람이 평정을 잃고 너를 탓할 때

냉정을 유지할 수 있다면,

만약 모두가 너를 의심할 때

자신을 믿고 그 의심들을 감싸 안을 수 있다면,

만약 기다릴 수 있되, 기다림에 지치지 않을 수 있다면,

거짓을 당해도 거짓과 거래하지 않고

미움을 받고도 미움에 굴복하지 않는다면,

그런데도 너무 선한 척, 너무 현명한 척하지 않는다면

만약 꿈을 꾸되 꿈의 노예가 되지 않을 수 있다면,

만약 생각하되 생각 자체가 너의 목표가 아닐 수 있다면,

만약 승리와 재앙을 만나고도

이 두 사기꾼을 똑같이 대할 수 있다면,

만약 네가 말한 진실이 간교한 자들에 의해 왜곡되어

어리석은 자들에게 덫이 되는 것을 참을 수 있다면,

네 평생을 바쳐 이룬 것들이 무너지는 모습을 보고도

허리 숙여 낡은 연장을 들어 다시 세울 수 있다면,

만약 네가 힘써 얻은 것을 무더기로 쌓아올려

단 한 번의 내기에 건다면,

그리하여 그걸 다 잃고도 처음부터 다시 시작하며

손해에 대해 한마디 불평도 하지 않을 수 있다면,

만약 심장과 신경과 힘줄이 사라진 후에도

그것들을 네게 쓸모 있도록 만들 수 있다면,

네게 남은 것이라곤 '버텨라'고 말하는 의지뿐일 때까지

여전히 버틸 수 있다면,

만약 어중이떠중이들과 함께 말하면서도 너의 덕성을 지키고

왕들과 같이 거닐면서도 백성들을 놓치지 않을 수 있다면,

만약 적이든 아끼는 친구든 너를 해칠 수 없게 된다면,

만약 모두를 중히 여기되, 너무 지나치게 중히 여기지 않는다면,

만약 누군가를 용서할 수 없는 1분의 시간을

60초 동안의 긴 달리기로 채울 수 있다면,

그러면 이 세상과 세상 속 모든 것이 네 것이 되리니,

그리고 무엇보다도 아들아, 너는 드디어 남자가 되리니!

부의 원칙

IF

Rudyard Kipling

IF you can keep your head when all about you

Are losing theirs and blaming it on you,

If you can trust yourself when all men doubt you,

But make allowance for their doubting too;

If you can wait and not be tired by waiting,

Or being lied about, don't deal in lies,

Or being hated, don't give way to hating,

And yet don't look too good, nor talk too wise...

IF you can dream and not make dreams your master;

If you can think and not make thoughts your aim;

If you can meet with Triumph and Disaster

And treat those two imposters just the same;

If you can bear to hear the truth you've spoken

twisted by knaves to make a trap for fools,

Or watch the things you gave your life to, broken,

And stoop and build'em up with worn out tools...

IF you can make one heap of all your winnings

And risk it in one turn of pitch-and-toss,

And lose and start again at your beginnings

And never breathe a word about your loss;

If you can force your heart and nerve and sinew

To serve your turn long after they are gone,

And so hold on when there is nothing in you

Except the Will which says to them "hold on!"

IF you can talk with crowds and keep your virtue,

Or walk with Kings nor lose the common touch,

If neither foes nor loving friends can hurt you,

If all men count with you, but none too much;

If you can fill the unforgiving minute

With sixty seconds' worth of distance run,

Yours is the Earth and everything that's in it,

And, which is more - you'll be a Man, my son

어떤 사람들은 시작부터 불리한 위치에 있다. 하지만 내 메시지의 핵심은 이것이다. 당신의 꿈은 당신의 한계보다 더 크며, 당신은 꿈을 좇아가기로 선택할 수 있다.

어떤 상황에 처해 있든 당신은 선택할 수 있다. 내 손자들이 자신들에게 선택할 능력이 있음을 알게 되기를 바란다. 만약 당신이 인생을 바꿀 선택을 할 수 있다고 느끼지 않는다면 이 책은 성공했다고 할 수 없을 것이다.

내 트레이딩은 추측을 바탕으로 한다. 어쩌면 인생 자체도 추측의 게임이다. 근본적으로 우리는 무슨 일이 생길지 모른다. 인생은 '불확실성'의 연속이다. 우리는 끊임없이 무언가를 받아들이고 거기서 빠져나온다. 무엇을 받아들이고 무엇에서 빠져나올지를 선택하는 일이야말로 우리가 궁극적으로 삶을 창조하고 의미를 창조하는 방식이다.

내 삶은 패배자가 승자가 될 수 있다는 증거이다.

T H E
R U L E

비대칭적 레버리지의
이론과 실행
(작은 리스크로 큰 수익을 얻기)

래리 하이트, ED&F 맨의 내부 문서

비대칭적 레버리지의 이론과 실행

(작은 리스크로 큰 수익을 얻기)

1988년 9월 30일

서문

·

이 문서의 목적은 비대칭적 레버리지Asymmetrical Leverage, 이하 AL 의 원리들을 명확하게 밝히는 것이다. 이 원리들은 정량적인 개념이라기보다는 이론적이어서, MIMC(민트 투자관리 회사) 전략 이 취하는 방식으로 컴퓨터에서 검증할 수는 없다. 실행할 수 있는 유일한 검증 방법은 광범위한 정상급 트레이딩 경험자와 토론하고 논의하는 것뿐이다. 그래서 이 문서를 공개하는 바이다.

결론부터 말하자면, 시장에서 내가 배운 결점들 이상으로

나의 추론에 담겼을지 모를 결점들을 내 동료들이 지적해주기
바란다.

정의

•

AL은 종래의 레버리지 혜택을 주면서도 이에 비례하는 리스
크는 뒤따르지 않는다는 점에서 독특하다. 한 예를 들자면,
MIMC는 최근에 중동의 한 기관과 협정을 맺었는데, 이 기관
을 위해 우리는 1,500만 달러의 이슬람 투자 포트폴리오를 구
성했다. 그 포트폴리오를 통해 우리는 중개 수수료를 제하고
1,500만 달러 투자금(우리의 최초 고유동성 계좌)에 대해 매월 23퍼
센트의 수익을 올린다. 우리가 받는 수익의 몫은 340만 달러
로 우리 돈을 리스크에 빠뜨리는 셈이다. 하지만 가격이 상승
한다면 340만 달러를 벌고 가격이 하락할 때는 340만 달러를
벌지 않을 뿐이기 때문에 우리의 리스크는 사실 0이다. 이는
판촉 능력을 통해 달성한 AL의 한 사례다.

좋은 AL의 유형을 설명할 때 나는 헌트Hunt, 프리츠커Pritzker
그리고 트럼프Trump 같은 이름이 거론되는 사례를 들 것이다.
MIMC 바깥에서의 좋은 AL 및 나쁜 AL의 사례를 인용할 때,

나는 어느 가족에게 있었던 좋은 AL과 나쁜 AL의 이야기를 전할 것이다. 아버지의 교훈을 망각함으로써 두 아들이 10억 달러를 잃은 이야기다.

MIMC가 좋은 AL을 실행하는 유일한 조직은 아니다. 예를 들어 차입매수LBO 기법의 달인인 콜버그Kohlberg, 크래비스Kravis 및 로버츠Roberts가 이끄는 KKR은 총매출이 GE 매출(이를 달성하는 데 60년이 걸린 회사)에 육박하는 일군의 회사들을 12년 동안 인수합병했다. 아마 KKR의 조합원들은 GE의 현 경영진들보다 더 많은 돈을 벌었고, GE의 창립자들보다 더 많은 순자산을 갖고 있을 것이다.

사례

·

A. 금융적 AL

(당신에게 돈이 있다고 남들이 생각한다면 다른 누군가가 계산을 치를 것이다.)

금융에 적용되는 AL의 기본적인 위력은 메술람 리클리스Meshulam Riklis가 가장 잘 입증해준다. 이 이스라엘 이민자는 말 그대로 '빈손'에서 시작해서 오늘날 30억 달러 제국을 다스리고 있다. 그가 이런 제국을 건설한 것은 현금의 효과적인 사용 및 비사용, 이와 더불어 뛰어난 운용 및 금융 관리 능력 덕분이다. 한 기업을 인수할 때 현금 사용이 필요하다고 판단되면, 리클리스는 인수하는 회사로부터 현금 등가물을 즉시 창출해냈다. 다시 말해서, 리클리스는 자신의 다음 행동을 위해 적어도 비슷한 액수의 현금을 창출해낼 수 없는 회사에 대해서는 현금을 지불하지 않는다. 자신의 조건대로 되지 않으면 그는 거래를 추진하지 않는다.

하지만 매도인도 알고 있듯이, 리클리스의 회사인 래피드 아메리칸Rapid American은 지불할 현금을 갖고 있다. 현금 대신에 그는 채무를 팔고, 지급 증명서를 발행하고, 사업 부문을 매각하고, 더 많은 주식을 발행한다. 한 예로 (래피드 아메리칸이 전적으로 소유하고 있는) 맥크로리 코포레이션McCrory Corp은 H. L. 그린Green을 이 회사의 캐나다 사업 부문의 매출액을 이용해 현금으로 매수했다. 그리고 이 사업 부문을 통해 현금을 마련해서 맥크로리가 H. L. 그린의 주식공개매수에 필요한 현금을 제공했다.

리클리스가 최근에 벌인 EII 홀딩스 인수 과정에서는 회사를 사적으로 획득한 다음에 부채를 공적으로 떠넘겼다. 그러므로 비록 리클리스가 맥도널드의 레이 크록Ray Kroc처럼 역사에서 위대한 소매업 혁신가로 기록되진 않을지라도, 현금을 아주 잘 관리한 사람으로는 기억될 것이다. 그는 어느 시점에 자기 회사들의 자금 사정이 어떤지를 꿰뚫고 있다. 전체 현금 흐름을 관리하고, 자신이 인수하는 회사들의 돈으로 다른 회사들을 인수하는 정책으로 그는 총 30억 달러 가치에 달하는 우수한 미국 회사들의 주식 소유자가 되었다.

한편 로버트 홈스 아 코트Robert Holmes à Court는 자기 소유 자산의 현금흐름을 관리하지 않았다. 그가 자신의 제국을 건설해나가기 시작한 것은 당시 작은 회사였던 벨 리소시즈Bell Resources의 주식을 호주의 가장 큰 회사인 브로큰 힐Broken Hill 의 주식과 교환하는 일련의 주식공개매수를 통해서였다. 이 과정을 반복하여 그는 브로큰 힐의 최대 주주가 되었다. 호주의 증시 호황 속에서 브로큰 힐의 주식 가격이 크게 오르자, 그는 돈을 빌려서 텍사코Texaco와 시어스 PLCSears PLC 같은 회사들의 주식을 사들였다. 그리고 이렇게 사들인 주식들을 담보로 다시 추가적인 인수를 해나갔다.

하지만 그가 실패한 이유는 자기 보유 주식들에 대한 지배권을 장악하지 못했기 때문이다. 따라서 주식시장이 붕괴하자, 현금 흐름이 막혀버렸다. 그는 수동적인 투자자일 뿐이었다. 결국 갚아야 할 빚은 산더미인데, 그걸 감당해낼 수입은 없는 처지가 되고 말았다. 그에게는 하락 리스크가 활짝 열려 있었고, AL 포지션은 빈약했다. 사실 그는 역AL 포지션^{reverse} AL position, 즉 리스크는 높고 수익의 가능성은 낮았다. 이는 리클리스의 전략과 정반대였다.

B. 구조적 AL

(모든 시스템은 저마다 편향이 있다. 모든 편향은 누군가에게는 선물이다.)

구조적 AL의 훌륭한 사례 하나는 1978년에 테레사 하벨 Theresa Havel이 실시한 연구에서 볼 수 있다. 연구 주제는 다양한 만기의 국채를 소유할 때 생기는 리스크였다. 하벨이 알아낸 바로는 5년 만기 미국 국채 수익률은 30년 만기 미국 국채 수익률의 95퍼센트였다. 하지만 5년 만기 국채의 가격 리스크는 장기 국채 가격 리스크의 25~30퍼센트 정도였다. 다시 말해 짧은 만기 국채는 거의 동일한 수익률을 창출하면서 장기 국채보다 상당히 낮은 리스크를 안으므로, AL 측면에서 더 유리하다.

최근 시어슨 레먼Shearson Lehman 채권 지수가 하벨 연구의 타당성을 뒷받침해주었다. 이 지수에 의하면 1973년 1월 1일부터 1988년 3월 31일까지 장기 미국 채권은 수익률이 연간

8.62퍼센트였고, 91일 만기 미국 채권은 8.46퍼센트였다. 중요한 점은 장기 국채는 수익률이 약간 높은 데 반해, 가격 리스크는 표준편차로 측정했을 때 단기 국채의 12배나 된다는 사실이다. 실제로 1979년부터 1982년 사이에는 5년 만기 국채의 수익률이 30년 만기 국채 수익률을 조금 능가하기도 했다. 이는 하벨의 회사인 뉴버거 버먼Neuberger Berman에서 나온 자료의 차트에 나온다. 하벨이 밝혀냈듯이, 시장의 내재적 구조를 세밀하게 조사하면 좋은 AL을 달성할 수 있다.

C. 기업가적 AL

(2 더하기 2가 40이 될 때)

도널드 트럼프가 뉴욕 그랜트 하얏트 호텔을 짓는 문제로 난관에 봉착했을 때, 그는 자동차를 타고 가다 라디오에서 어떤 뉴스를 들었다. 라스베이거스의 힐튼 호텔에 파업이 일어났고 주식이 급락했다는 내용이었다. 그것은 이상한 소식이었다. 힐튼은 호텔을 100개나 갖고 있는데, 왜 한 호텔의 파업이 주가 하락을 초래할 수 있다는 말인가? 그는 사무실로 가서 힐튼 호텔에 대한 10-K(모든 상장기업에 대한 SEC의 연례 공시 보고서)를 살펴보았다. 알고 보니, 힐튼 수업의 40퍼센트가 라스베이

거스 힐튼 호텔에서 나왔고, 뉴욕 힐튼 호텔에서 나오는 수입
은 1퍼센트뿐이었다. 트럼프는 자신이 짓고 있는 그랜드 하얏
트가 뉴욕 힐튼만큼 수익이 난다면 좋아했을 것이다. 하지만
이제 카지노가 리스크는 거의 같으면서도 수익은 훨씬 높다는
것을 알아차렸다.

트럼프 같은 부동산업자에게 카지노를 짓는 일이나 호텔을
짓는 일은 비슷했지만, 카지노가 수익이 40배나 더 많았다. 즉
AL이 더 나았다. 트럼프의 아버지는 수익이 낮은 건물을 수
천 채 지었는데, 그건 1 더하기 1이 2가 될 때 돈을 버는 게임
이다. 1 더하기 1이 1과 4분의 3이 되면 겨우 본전이다. 트럼
프의 아버지와 도널드 트럼프의 재산 차이가 나는 것은 도널
드 트럼프가 수익이 훨씬 많은 사업에 재능을 발휘했고, 아울
러 더 높은 가격에 어울리도록 쇼 비즈니스를 가미했기 때문
이다.

D. 운영적 AL
(AL을 절차로 만들기)

이런 유형의 AL은 시카고의 프리츠커 가문의 사업 활동에
서 확연히 드러난다. 프리츠커 가문은 하얏트 코포레이션, 브

래니프Braniff 항공사 그리고 마몬 그룹Marmon Group이라는 거대한 기업 집합체(순자산이 거의 35억 달러)를 소유하고 있다. 마몬 그룹은 프리츠커 가문이 1958년에 콜슨 캐스터 컴퍼니Colson Caster Company를 인수하면서부터 시작되었다. 당시 기울고 있던 그 회사는 자전거, 휠체어 다리바퀴 그리고 소형 해군용 로켓을 제작하는 업체였다. 이 인수는 AL 측면에서 훌륭한 거래였는데, 왜냐하면 여러 군데의 평가를 통해 드러났듯이 그 회사는 실제 인수 가격보다 훨씬 더 비싸게 팔릴 수 있었기 때문이다. 결과적으로 프리츠커 가문의 리스크는 전무했다. 게다가 인수 가격은 자산 가치에 연계되어 있었다. 그러므로 콜슨이 장부 가격보다 더 낮은 가격으로 팔린 이후, 당시의 미국 세법 덕분에 프리츠커 가문은 세금 환급을 받을 수 있게 되었다. 이로 인해 자산이 더 줄어들었고, 이는 또 다시 세금 환급으로 이어졌다.

이에 따라 프리츠커 가문은 그 회사가 지난 7년 동안 납부했던 모든 세금만큼의 손실을 발생시켰기 때문에 인수 비용을 낮출 수 있었고, 정부로부터 세금을 환급받을 때까지 인수 가격의 남은 금액(인수 가격과 실제 자산 가치의 차액)의 큰 부분을 운전 자본 브릿지론bridge loan(일시적으로 자금을 조달하기 위한 단기 대출)으로 충당할 수 있었다. 결론적으로 프리츠커 가문은 지불한 금액보다 더 많은 현금을 확보함으로써 리스크를 없앨 수 있었다. 그런 다음 미국 세법의 구조를 십분 활용하여 AL을 더 좋게 만들어나갔다.

이 문서의 대부분은 AL의 금융적 측면을 다루긴 하지만, 분명 사업에는 단지 숫자 이상의 요인이 존재한다. 그들은 사람들에게 실제 제품과 서비스를 제공한다. 예를 들어 콜슨 캐스터의 재고 목록에는 퇴짜를 맞았거나 결함이 있는 해군용 로켓 800개가 들어 있었다. 프리츠커 가문은 그 회사를 인수하자마자 그 로켓들을 수리하여 해군에 팔았다. 역원가회계제도가 다시 설계되었고, 6개월 만에 회사는 수익을 낼 수 있게 되었다. 운영적 AL의 훌륭한 사례가 아닐 수 없다.

흥미롭게도 프리츠커 가문, 핸슨 트러스트Hanson Trust 및 버크셔 해서웨이(워런 버핏의 회사)의 운영 방식은 전부 동일하다. 각각의 운영 부문은 해당 부문 수준에서 모든 운영 결정을 담당하는 수평적인 관리 방식을 택한다. 하지만 금융 및 예산 결정은 수직적이어서 제일 윗선의 승인을 받아야 한다. 달리 말해서 금융은 소유자의 영역이고, 제품은 운영 관리자의 영역이다. 수익 배분은 한 회사가 아니라 부문unit을 기반으로 정해진다. 그러므로 만약 회사의 수입이 감소했더라도 특정 부문의 수익이 증가했다면, 그 부문의 관리자는 보너스를 받는다.

엄격한 금융 관리야말로 AL의 핵심이다. 금융 관리가 되지 않는다면 아무리 시간이 많이 걸려도 AL은 달성될 수도 유지될 수도 없다.

운영적 AL의 마지막 사례로, 레이 헌트Ray Hunt의 활약을 그의 이복형제인 벙커 헌트Bunker Hunt 및 라마 헌트Lamar Hunt의 행동과 대조해보자. 레이는 헌트 오일Hunt Oil사의 소유주인데, 이 재산과 그의 부동산 수익을 합치면 총자산이 10억 달러가 넘는다. 레이는 이복형제들과 달리 아버지의 기업 철학을 따랐다.

전설적인 인물 H. L. 헌트H. L. Hunt는 가족 재산의 기반인 석유 기업 주식을 유전에서가 아니라 포커 게임판에서 획득했다. 사실 경력의 초기에 H. L. 헌트는 석유 채굴에서 번 것보다 포커 게임에서 더 많이 벌었다. 그는 일 년에 돈을 두 배로 늘릴 수 있는 데에만 베팅을 했고, 대수의 법칙이 자신에게 유리하게 작용하도록 여러 군데에 베팅했다. 그런 점에서 그의 포커 게임 방식은 사업 방식의 기반이었다. 언젠가 그는 무모한 시추를 하던 시절 석유가 나오지 않는 구멍을 뚫어도 전혀 개의치 않았다고 말했다. 이유인즉, 그런 실패는 석유가 나오는 구멍을 뚫는 데 한 걸음 더 가까이 다가가고 있다는 뜻이기 때문이라고 했다. 게다가 오직 한 군데에만 베팅하는 법이 없었기 때문에 설령 어디서 손실이 나도 평균을 내면 수익을 거둘 수 있었다. 우리가 민트를 운영하던 방식과 똑같았다.

바로 이 철학은 1984년 레이 헌트의 북예멘 유전 인수에서도 볼 수 있다. 유전 개발에는 막대한 비용이 드는데, 그 나라의 리스크를 감안하여 레이는 자기 지분의 49퍼센트를 엑손 Exxon에 팔았다. 엑손이 유전 개발의 총비용을 지불하기로 했기 때문에 석유 생산에서 그는 수익은 온전히 챙기고 리스크는 떠안지 않았다.

반면에 레이의 이복형제들은 계란을 전부 한 바구니에 담았다. 높은 레버리지로 단 한 군데인 은에 베팅했다. 그들이 은시장을 장악하자, 은을 매수할 사람이 남아 있지 않았다. 그 시점에서 손실을 막는 대신에, 그들은 은 거래의 손실을 만회하기 위해 수익이 나는 자산을 담보로 잡혔다. 하지만 리스크가 줄어들기는커녕 비대칭적으로 더 커졌다. 이제 수익을 낼 수 있는 것보다 훨씬 더 많이 잃을 상황에 처했다.

아버지와 마찬가지로 레이는 매년 석유 시추에 자기 자산 중 적은 비율만을 리스크로 안았다. 게다가 엑손과 파트너십을 맺음으로써 장래의 수익을 미리 팔아서 좋은 AL 포지션을 얻었다.

AL의 이론과 실행

·

MIMC는 AL의 이론과 실행에 관한 좋은 사례다.

맨의 민트 인수는 양측 모두에게 좋은 AL의 사례다. 맨은 당시에 자산이 1억 달러가 넘었고, 위험은 고작 75만 달러에 불과했다. 이는 맨의 순자산에 비하면 적은 비율이었다. 그들은 민트의 지분 50퍼센트를 얻으면서도 75만 달러를 잃을 위험은 5퍼센트 미만이었다. 따라서 실제 위험은 4만 달러에 불과했으며, 여러 다양한 통계적 증거에 의하면 맨이 손실을 입을 가능성은 없었다.

하이트, 델먼 그리고 매튜스HMD 쪽에서도 최상의 AL 요소들을 얻었다. 시간과 돈이 그것이다. 우리는 5년의 시간을 얻었을 뿐만 아니라, 우리 자신의 계좌에서 사용할 수 있는 수백만 달러의 돈과 더불어 절대적인 소득최저선income floor을 보장받았다. 초기의 파트너십을 떠받친 구조적 요소들은 다음과 같다.

1. 트레이딩 위험에 관한 미리 결정된 확률
2. 선물 증거금이 국채 이자를 충당했고, 맨이 저금리로 자금을 빌릴 수 있어서 금융비용이 저렴했다는 사실

이는 우리의 원금 보장 펀드를 성공시킨 것과 동일한 요소들이다. 그런 요소들 덕분에 첫 원금 보장 펀드를 출시했을 때 200만 달러의 운용 자금 중 우리가 안게 되는 위험은 25만 달러뿐이었다. 결국 그 펀드를 통해 그해 말에 우리는 5,000만 달러 이상을 벌었다. 이로써 우리는 당시 운용 자금의 12.5퍼센트였던 25만 달러 초기 투자금의 40배 수익을 거두었다.

현재 우리는 샤르당Chardant과 비슷한 유형의 맨 그룹 계좌들을 갖고 있다. 그중 가장 오래된 것이 SAT 계좌인데, 이를 통해 4년 동안 매년 100퍼센트 이상의 수익을 거뒀다. 이 기록을 달성하는 과정에서 최악의 가격 하락은 16퍼센트였다. 어떤 주식도 그 4년 동안 16퍼센트 하락하지 않은 것은 없었지만, 어느 누구도 평균적으로 매년 100퍼센트 수익을 예상하지는 못했다.

샤르당 유형의 계좌가 크게 성공한 이유는 다음과 같다.

1. 낮은 거래비용 덕분에 우리는 리스크를 자주 조정하고, D 시스템을 작동할 수 있었다. 이 시스템은 급격한 가격 역전 상황에서 내적인 헤징 역할을 한다.
2. 모든 '베팅'에 대해 리스크의 크기를 동일하게 함으로써, 리스크들이 서로 균형을 이루도록 했다.

이 모든 요소가 결합됨으로써, 리스크를 관리하면서도 증가된 레버리지의 전면적인 혜택을 받을 수 있게 되었다. 따라서 리스크를 레버리지에 비대칭적이 되도록 만들 수 있었다.

AL 문화

•

AL이 작동하려면 세 가지 주요 구성 요소가 필요하다. 시간, 지식 그리고 돈이다.

1. **시간:** 대체로 빨리 행동에 나설수록 리스크는 커진다. 하지만 투자 종목을 고를 시간이 있으면 리스크가 거의 없이 행동에 나설 수 있다.
2. **지식:** 게임을 알기 전에는 승산을 알 수 없다. 승산을 모르면 똑똑한 베팅을 할 수 없다. 게임을 명확하게 정의하기의 이점을 알려주는 좋은 예가 MIMC 트레이딩이다. MIMC에서 우리는 선물들의 기본자산을 전혀 모르지만, 트레이딩하는 방법은 꿰뚫고 있다. 만약 그런 지식 없이 레버리지를 사용했다면, 즉시 또는 결과적으로는 재앙을 맞이했을 것이다.

3. **돈:** 돈은 시간을 벌어주고 지식을 벌어주며, 장기적으로 승산을 당신에게 유리하게 해준다.

제이 프리츠커Jay Pritzker는 거래가 너무 클 경우에는 결코 과욕을 부리지 않는다. 그는 파트너를 구하거나, 아니면 그냥 넘겨버린다. 다시 말해 좋은 AL 포지션에서 결코 벗어나지 않는다. 브래니프 인수에 대한 그의 발언은 그 점을 멋지게 요약하고 있다.

"브래니프는 5,000만 달러의 비용이 들 것이다. 인수가 성공한다면 5억 달러의 가치가 있고, 성공하지 못하더라도 나는 손실을 감당할 수 있다."

AL 프로젝트 제안
·

우리는 딕 엘던Dick Elden과의 관계를 통해 변동성이 아주 낮으면서 손실을 입는 분기가 없이 15~20퍼센트의 수익을 올리는 다수의 펀드 매니저를 찾았다. 각 매니저의 실적은 다른 사람들이나 시장 전반과 상관관계가 없는데, 왜냐하면 그들은 본질적으로 시장 기법을 사용하고 있기 때문이다.

실제 실적이 우수하긴 하지만, 최악의 가격 하락 리스크가 20퍼센트라고 가정해보자. 게다가 이 활동을 맨 그룹 내의 다른 사업 노선과 마찬가지로 취급하여, 그 활동에 예를 들어 500만 달러의 자본이나 2,000만 달러의 신용한도를 제공한다고 하자. 20퍼센트의 총수익률을 기준으로 삼을 때, 이 활동은 500만 달러의 수익을 내는데 200만 달러의 이자 경비를 제하면 순수익은 300만 달러, 즉 (투자) 자본의 60퍼센트이다. 총수익률이 15퍼센트라면 위험 부담 자본 대비 수익률은 35퍼센트이다.

이 매니저들이 실제로 일정 기간 동안 손실을 입는 분기가 없다고 하면, 이 사업에서 얻는 리스크 조정 수익은 훨씬 더 좋다. 예를 들어 실제 리스크가 위에서처럼 자본의 20퍼센트 대신에 10퍼센트라고 가정하면, 순수익률은 총수익률을 20퍼센트를 기준으로 할 때 120퍼센트로, 그리고 총수익률을 15퍼센트를 기준으로 할 때 87.5퍼센트로 증가한다.

이 사업은 분명 이자비용과 매니저의 포트폴리오 결과 사이의 레버리지를 이용한 차익 거래이다. 앞서 언급했듯이 지식 없이 적용된 레버리지는 즉시 또는 결과적으로 재앙으로 이어진다.

이 제안을 초기 AL 프로젝트를 위한 강력한 후보로 삼는 까닭은 포트폴리오의 매니저들의 실적이 MIMC의 트레이딩 방식대로 정량적 분석을 따르기 때문이다. 우리는 위험 측정 및 관리의 방법론을 통해서, 충분히 긴 실적을 토대로 이 매니저들의 위험을 '레버리지'로 삼을 수 있다. 다른 두 실질적인 요건은 다음 분석에서 나온다.

1. 장기적 승산이 유리할 수 있도록 이 사업에 장기적으로 헌신할 필요성
2. 이 수익은 금리가 오를 때 따라 오르지 않는 경향이 있기 때문에 이자비용이 고정되어야 함

전체적으로 볼 때, 하나의 사업으로서 이 활동은 리스크/보상 기반으로 평가하여 맨 그룹의 상품선물 거래 활동과 비교해볼 때 유리하다. 예를 들어 맨의 설탕 거래 활동은 포지션 크기 면에서 자본의 36퍼센트 리스크를 감당하면서 위험 부담 자본의 40퍼센트를 수익으로 얻으려고 시도한다. 리스크/보상의 비율이 대략 1 대 1이다. 반면에 위에서 소개한 사업은 동등한 리스크/보상을 제공하면서도 신용 리스크 및 상대방 채무불이행 등의 추가적인 리스크가 없다.

AL 실무팀

·

우리는 뉴욕에 소재지를 두면서 LH/HMcG에 보고하는 AL 실무팀을 설립해야 한다. 이 팀은 기업 분야에서 AL 기회를 찾는 임무를 맡을 것이다. 전략은 2만 5,000~500만 달러 범위의 자금으로 공공차량 업체의 지배권을 사들이고 후속적으로 이 사업 실적과 재무상태표를 토대로 추가적인 자금을 모으기로 한다. 우리의 강점(자금 관리 및 금융 상품)을 감안할 때, 이 첫 단계는 이 분야에서 자리 잡을 가능성이 높았다.

그리고 이 차량 건을 넘어서 실무팀은 다음 목표를 위한 보험 및 S&L 분야에 (하지만 독점적으로는 아닌) 집중할 것이다. 그 기회들이 어떤 것인지는 로버트 로젠크란츠Robert Rosenkrantz의 예에서 잘 알 수 있다. 1987년 2,000만 달러의 자금과 GE 크레딧GE Credit에서 대출받은 2억 4,000만 달러로 그는 릴라이언스 보험사Reliance Insurance Company의 지배권과 8억 달러어치의 자산을 획득했다. 딕 엘던의 조언에 따라 그는 다양화된 혼합 자산 및 방법론적 접근법을 바탕으로 포트폴리오 전략을 도입했다. 이후 그는 첫 해에 순수익을 두 배로 늘렸다.

AL 실무팀의 인력은 처음에는 두 사람으로 구성되는데, 이 둘은 제공된 체계 내에서 독립적으로 일할 수 있는 지식과 경험을 갖춘 인물이 맡을 것이다. 이 사업의 비용은 첫 해에 2억 달러의 범위일 것이다.

기록 차원에서 말하는데 여기서 기술한 개념은 나 자신의 것이며, 자료에 대한 책임은 전적으로 나에게 있다.

또한 나의 아이디어를 일관된 문서가 될 수 있게 만들어 준 하비 맥그래스와 패트릭 더마스Patrick Dumas에게 감사드린다. 그리고 피터 매튜스와 마이클 델먼에게도 감사드리는데, 이 둘이 없었다면 AL 작동 모형은 나오지 못했을 것이다. 또한 책망은 데이비드 페더먼David Federman과 함께 받고 싶다. 그는 저녁 식사 자리에서 AL에 대한 내 아이디어와 그것을 사업 운영에 적용하는 방법에 대한 주제로 글을 써보지 않겠느냐고 내게 물었으니 말이다.

래리 하이트

———— ∾ ————

내 인생의 행복

이 책을 집필하는 데 많은 분의 도움을 받았다. 하지만 특히 베스트셀러 작가이자 추세추종 트레이더인 마이클 코벨에게 큰 은혜를 입었다. 이 책 집필을 권한 사람이기도 한 그는 처음부터 끝까지 이 여정을 안내하면서 지적이고 사려 깊게 예리한 통찰을 전해주었다.

내 목소리와 이야기에 생명을 불어넣어준 편집자 로라 셰넌Laura Schenone과 허브 샤프너Herb Schaffner에게도 감사드린다. 맥그로힐의 부발행인 도니어 디커슨Donya Dickerson은 인내와 관용으로 이 책 출간을 주도했다. 그리고 뛰어난 교정 솜씨를 보여준 앨리슨 슈어츠Alison Shurtz에게도 특별히 감사드린다.

알렉스 그레이서먼에게 고마움을 전한다. 그는 30년 전에 금융 분야 진출을 희망하는 열정적인 전기 엔지니어로 내 사무실에 와서, 현재까지도 믿을 수 있는 동료이자 파트너가 되어주었다. 비크램 고쿨다스에게도 감사드린다. 그는 프로그래머로 시작해서 지금은 동료 연구자이자 내 파트너이다.

내가 가는 길에 확신과 믿음을 보내준 이전 동료인 하비 맥그래스에게 감사드린다. 내 변호사 사이먼 레빈은 다독가일 뿐만 아니라, 지난 30년 동안 내게 전문적인 법률 조언을 해주었다. 추억을 나누어주어 이 책의 내용을 풍성하게 만들어준 사이먼 레빈과 그의 아들 마이클 레빈에게 감사드린다. 영광스럽게도 나는 마이클의 멘토가 되었는데, 내 이야기를 직접 말로 해주었을 때만큼 이 책 속의 이야기도 즐겁게 읽어주면 좋겠다.

이전 사업 파트너이자 내가 알았던 가장 똑똑한 사람 중 한 명인 스탠리 핑크는 나의 좋은 친구이자 아울러 내가 매우 존경하는 사람이다.

하워드 프리드먼을 평생의 친구로 둘 수 있어서 나는 행운아였다. 그는 늘 내 기분을 복돋워주고 옛 추억을 함께 나누어주었다. 이 책은 내 조수 알레네 워드Arlene Ward의 지원과 소중한 도움 없이는 완성될 수 없었을 것이다.

부모님 조지 하이트와 헬렌 하이트에게 진심으로 감사드린다. 두 분은 내게 아낌없는 사랑을 베풀어주셨다. 또한 비티 이모와 히미 이모부 그리고 이종사촌 멀 카우프Merle Kauff와 피터 카우프Peter Kauff에게도 감사드린다. 이분들의 집에 드나든 덕분에 나는 인생의 비전을 품게 되었다.

이루 말할 수 없는 축복을 받은 내게는 딸 사만다Samantha와 테사Tessa 그리고 손녀 엘리Ellie와 실Syl이 있다. 그리고 지금은 추억 속에 남은 첫 아내 시빌은 내가 하는 모든 일에 사랑과 영감을 전해주었다.

인내와 아름다움, 사랑을 베풀어주는 현재 아내인 샤론에게, 그리고 물심양면으로 도움을 주는 처가 식구들에게도 감사드린다.